Crefydd mewn Cymdeithas Gyfoes

ar gyfer myfyrwyr UG

gan Wendy Dossett,
Karl Lawson, Roger J Owen,
Andrew Pearce

Golygydd y Gyfres: Roger J Owen

Roger J Owen, Golygydd y Gyfres

Bu Roger J Owen yn Bennaeth AG mewn amryw o ysgolion am ddeng mlynedd ar hugain, yn ogystal â bod yn Bennaeth Cyfadran, yn athro cynghorol ar gyfer AG gynradd ac uwchradd, yn Arolygydd Adran 23, ac yn Brif Arholydd Lefel 'O' a TGAU. Yn awdur dau ar bymtheg o lyfrau addysgol, ef oedd Cadeirydd Arholwyr Astudiaethau Crefyddol UG ac U2 CBAC tan 2008.

Cydnabyddiaeth

Hoffai'r awduron a'r cyhoeddwyr ddiolch i'r canlynol am ganiatâd i atgynhyrchu ffotograffau hawlfraint yn y gyfrol hon:

akg-images, t 96d, t 100; akg-images/Rabatti Domingie, t 108t; ©Greg Balfour Evans /Alamy, t 2; ©Malcolm Case-Green/Alamy, t 8; ©Squint/Alamy, t 36ch; ©James Boardman/Alamy, t 37; ©Geoff A. Howard /Alamy, t 40; The Photolibrary Wales /Alamy, t 58t; ©Pictorial Press Ltd /Alamy, t 59; © Posh Parker/Alamy, t 61tch; MarioPonti/Alamy, t 61td; wales_heritage_photos /Alamy, t 69; Jeff Morgan Y Gelli/Alamy, t 73ch; Libby Welch/Alamy, t 86; © Mary Evans Picture Library/Alamy, t 88, t 97; ©The Print Collector/Alamy, t 96ch; © INTERFOTO Pressebildagentur/Alamy, t 106 ; The Art Archive/Gianni Dagli Orti, t 15; BBC Photolibrary, t 36d; t 58g, t 64gch, t 75; Capital Pictures: t 44, t 47t, t 47g, t 48t, t 48g, t 50, t 52, t 53t, t 53g; Yr Eglwys yng Nghymru, t 77; ©Sion Touhig/Sygma/Corbis, t 91; © Daniel W Erlander, t 98; Y Cyngor Meddygol Cyffredinol, t 4; iStockphoto, t 18, t 23, t 35, t 42, t 55g, t 80, t 109t; The Library of Congress, t 55t; PA Archive/PA Photos, t 3t, t 3g; The Canadian Press/PA Photos t 24; AP/PA Photos, t 82; Photolibrary Wales, t 72; Punch Ltd, punch.co.uk, t 78; Raghu Rai/Magnum Photos, t 87; Drwy ganiatâd caredig Alister McGrath, Ffoto: Nigel Bovey, t 73d; Ofcom, t 56; S4C, t 63, t 64t; © Science Museum/Science & Society, t 20; New Line/Saul Zaenetz/Wingnut/The Kobal Collection/Vinet, Pierre, t 109g

Cyhoeddwyd gan Wasg UWIC
APCC, Heol Cyncoed,
Caerdydd CF23 6XD
cgrove@uwic.ac.uk
029 2041 6515

ISBN 978-1-905617-80-7

Noddwyd gan Lywodraeth y Cynulliad

Dylunio gan *the info group*
Ymchwil lluniau gan *Picture Research Wales*
Cyfieithad gan *Siân A. Edwards*
Argraffwyd gan *HSW Print*

Clawr blaen: www.istockphoto.com

Crefydd mewn Cymdeithas Gyfoes ar gyfer myfyrwyr UG

gan Wendy Dossett, Karl Lawson, Roger J Owen, Andrew Pearce

Golygydd y Gyfres: Roger J Owen

Cynnwys

Crefydd mewn Cymdeithas Gyfoes

Rhagarweiniad

Dydy'r llyfr yma ddim yn disgwyl i chi fod ag unrhyw wybodaeth flaenorol am Grefydd mewn Cymdeithas Gyfoes ac mae'n cyflwyno'r pwnc mewn ffordd sy'n ateb gofynion Manyleb UG CBAC. Fodd bynnag, ni ddylai, ar unrhyw gyfrif, gael ei ddefnyddio fel yr unig werslyfr ar gyfer y cwrs, gan fod unrhyw fath o astudiaeth uwch yn gofyn darllen eang a dadansoddi barn amryw o ysgolheigion ar nifer o wahanol faterion.

Dylai'r llyfr yma gael ei ddefnyddio ar y cyd â'r llyfr athrawon, sy'n rhoi gwybodaeth gefndir fwy manwl ar rai o'r pynciau dan sylw, a help gyda'r tasgau a geir yn y testun.

Mae disgwyl i fyfyrwyr UG ddangos nid yn unig eu bod yn gwybod ac yn deall y deunydd ond hefyd fod ganddyn nhw sgiliau neilltuol, fel y gallu i ddadansoddi a gwerthuso gwahanol safbwyntiau. Bydd rhai o'r tasgau yn y testun yn eich helpu i ddatblygu'r sgiliau hynny. Mae'n siŵr y bydd athrawon a myfyrwyr yn meddwl am rai eraill.

Mae'r llyfr yma, a'r llawlyfr athrawon sy'n gydymaith iddo, wedi cael ei lunio gyda Sgiliau Allweddol mewn golwg. Dylai myfyrwyr ddatblygu sgiliau cyfathrebu drwy gymryd rhan mewn trafodaethau, casglu gwybodaeth a sgrifennu. Gofynnir iddyn nhw ddatblygu sgiliau TGC drwy ddefnyddio'r Rhyngrwyd yn feirniadol a chyflwyno'u casgliadau ar ffurf cyflwyniadau dosbarth. Gofynnir iddyn nhw ddatrys problemau drwy ddadlau o blaid safbwyntiau arbennig, a gweithio gydag eraill ar gyd-brojectau ymchwil.

Mae llyfrau'r myfyrwyr a'r athrawon yn ceisio adlewyrchu'r amrywiaeth barn ar ewthanasia a hawliau anifeiliaid, y ffordd mae crefydd yn cael ei chyflwyno ar y teledu, cyflwr a dylanwad crefydd mewn cymdeithas, a dealltwriaeth seicolegol o gred grefyddol. Mae gwerthfawrogiad o safbwyntiau amrywiol nid yn unig yn un o ofynion Manyleb UG CBAC, ond mae hefyd yn hanfodol er mwyn dod i ddeall crefydd mewn cymdeithas gyfoes yn iawn, yn ei holl agweddau. Mae pob traddodiad crefyddol yn cynnwys amrediad o safbwyntiau, credoau ac arferion, a dylai myfyrwyr allu arddangos ymwybyddiaeth feirniadol o'r ffaith yma, ond heb gollfarnu'r grefydd o'r herwydd.

Mae pedwar maes tra gwahanol wedi eu cynnwys yn y llyfr yma: moesoldeb, cyfryngau, cymdeithaseg, a seicoleg. Nod cynnwys y llyfr, fel y cwrs CBAC, yw rhoi bras gyflwyniad i safbwyntiau crefyddol ar y pedair agwedd allweddol yma ar gymdeithas gyfoes sydd yn bwysig mewn profiad dynol. Mae'r pynciau y byddwn yn ymdrin â nhw yn enghreifftiau o'r agweddau allweddol yma.

Moeseg Feddygol ac Amgylcheddol

Nod yr adran

Mae'r adran hon yn gofyn i chi ystyried amrywiaeth o syniadau ynglŷn ag un pwnc meddygol ac un pwnc amgylcheddol, sef:

▶ **Ewthanasia**

▶ **Hawliau anifeiliaid.**

Mae hyn yn golygu y bydd rhaid i chi ystyried y materion allweddol canlynol:

▶ diffiniad o ewthanasia;

▶ gwahanol fathau o ewthanasia a chwestiwn cyfreithlondeb ewthanasia;

▶ dadleuon o blaid ac yn erbyn ewthanasia (yn cynnwys rhai'r mudiad hosbisau, a syniadau am sancteiddrwydd bywyd ac ansawdd bywyd);

▶ amrywiaeth barn am statws moesol anifeiliaid;

▶ dadleuon o blaid ac yn erbyn defnyddio anifeiliaid fel bwyd, ar gyfer arbrofion meddygol ac anfeddygol, eu hela, eu cwlio, neu fel anifeiliad anwes neu i'n difyrru (yn cynnwys syniadau fel rhywogaetholdeb (*speciesism*) a stiwardiaeth).

Bydd gofyn i chi astudio'r materion yma o safbwynt o leiaf un o grefyddau mawr y byd.

Ewthanasia

Beth ydy ewthanasia?

Mae'r term ewthanasia yn dod o ddau air Groeg, sef *eu*, sy'n golygu 'da', a *thanatos* sy'n golygu 'marwolaeth' – felly mae'n golygu 'marwolaeth hapus, ddi-boen' neu, yn llythrennol, 'marwolaeth dda'. Mae'n disgrifio proses feddygol lle mae person yn gallu dod â'i fywyd neu ei bywyd i ben oherwydd poen neu ddioddefaint ofnadwy, neu lle mae bywyd person arall yn cael dod i ben, neu yn cael ei derfynu, gyda chaniatâd cyfreithiol, oherwydd salwch meddygol difrifol.

Mae'n bwysig gwahaniaethu rhwng dwy ffordd o gyflawni ewthanasia:

ewthanasia goddefol: gadael i glaf farw drwy atal y driniaeth feddygol neu beidio â rhoi bwyd iddo/iddi, er enghraifft, datgysylltu system cynnal-bywyd sydd wedi bod yn cadw claf sydd mewn coma yn fyw;

ewthanasia gweithredol: gweithredu'n fwriadol i ddiweddu bywyd claf, er enghraifft, drwy roi chwistrelliad marwol i rywun neu, adeg rhyfel, pan fyddai milwr sydd wedi ei glwyfo'n farwol ac mewn poen ofnadwy yn gofyn i filwr arall i 'roi pen arno' er mwyn atal ei ddioddefaint.

Tasg

Tasg ymchwil a chyflwyno	Defnyddio'r rhyngrwyd i archwilio cwestiynau ynglŷn ag ewthanasia gweithredol/goddefol:
	(a) Ewch i'r wefan:
	www.bbc.co.uk/religion/ethics/euthanasia/overview/ activepassive_1.shtml
	a darllenwch y wybodaeth sydd yno.
	(b) Cynhyrchwch gyflwyniad yn amlinellu eich barn ar p'run ai a ydy 'ewthanasia goddefol yn fwy derbyniol yn foesol nag ewthanasia gweithredol'.

Y sefyllfa gyfreithiol bresennol gydag ewthanasia yn y DU

Fel y mae'r gyfraith ar hyn o bryd yn y DU, mae ewthanasia bwriadol neu 'weithredol' fel rheol yn golygu y gall unrhyw rai sy'n helpu gyda hunanladdiad neu farwolaeth gael eu cyhuddo o lofruddiaeth. Mae ewthanasia yn anghyfreithlon o dan Ddeddf Llofruddiaeth 1965 a Deddf Hunanladdiad 1971. Mae'r Ddeddf Llofruddiaeth yn dweud fod lladd yn fwriadol, hyd yn oed gyda chaniatâd y claf, am resymau tosturiol, yn drosedd, ac mae'r Ddeddf Hunanladdiad yn gwneud cynorthwyo rhywun i ladd ei hun yn drosedd hefyd. Penderfynodd Tŷ'r Arglwyddi ym 1994 'na ddylid newid y gyfraith i ganiatáu ewthanasia.'

Ond dydy ewthanasia ddim yn drosedd bellach mewn nifer o wledydd Ewrop, fel yr Iseldiroedd a Gwlad Belg, ac ymunodd Lwcsembwrg â'r gwledydd yma yn 2008. Yn Lwcsembwrg, er enghraifft, dim ond pobl sy'n dioddef afiechyd terfynol ac sydd wedi dweud eu bod yn dymuno marw a all gael cymorth i farw, a rhaid cael caniatâd dau feddyg a phanel o arbenigwyr o flaen llaw.

Pam ydyn ni'n caniatáu ewthanasia 'gweithredol' i anifeiliaid ond nid i fodau dynol?

Pwnc seminar

Pam, yn eich barn chi, mae ewthanasia gweithredol yn anghyfreithlon yn y DU?

Rydym yn awr yn mynd i ystyried dau o'r prif fathau o ewthanasia:
1 ewthanasia gwirfoddol;   2 ewthanasia anwirfoddol.

1 Ewthanasia gwirfoddol

Mae hyn yn golygu achosi marwolaeth claf sydd wedi rhoi ei ganiatâd/chaniatâd. Mae'r rhan fwyaf o grwpiau sy'n ymgyrchu i newid y gyfraith er mwyn caniatáu ewthanasia yn ymgyrchu o blaid ewthanasia gwirfoddol, h.y., ewthanasia ar gais penodol a gyda chaniatâd y person sy'n marw. Mae'r rheini sy'n ymgyrchu dros ewthanasia gwirfoddol yn y DU yn cynnwys y mudiad 'Urddas wrth Farw' (*Dignity in Dying*), y Gymdeithas Ewthanasia Gwirfoddol yn flaenorol, sy'n datgan mai ei nod yw:

> *'sicrhau fod hawl gan bawb i gael dewis ac urddas ar ddiwedd eu bywyd . . . yn cynnwys hawl gyfreithiol i fesurau lleihau poen er mwyn helpu i esmwytháu dioddefaint. Rydym am i benderfyniadau diwedd-oes fod yn agored ac yn onest, ac o dan reolaeth y claf.*
>
> *Rydym am i amrywiaeth gyflawn o ddewisiadau fod ar gael i bobl sydd â salwch terfynol, yn cynnwys marw gyda chymorth meddygol o fewn mesurau diogelwch cyfreithiol caeth. Byddai mesurau diogelwch o'r fath hefyd yn diogelu pobl ddiymgeledd ac yn cael gwared o'r amgylchiadau sy'n arwain at ewthanasia heb reolaeth a 'lladd trugarog'.*

Astudiaeth achos: Diane Pretty (1958-2002)

Roedd Diane Pretty yn dymuno'n daer am i feddyg neu ei gŵr ei helpu i farw. Roedd clefyd niwronau motor wedi gadael ei meddwl yn glir ond wedi dinistrio ei chyhyrau yn raddol, gan ei gwneud yn anodd iddi gyfathrebu â'i theulu. Roedd mewn cadair olwyn, gyda chatheter, yn cael ei bwydo drwy diwb. Brwydrodd Diane yn erbyn y clefyd am ddwy flynedd olaf ei hoes a chafodd bob triniaeth feddygol bosibl. Yn hytrach na byw gyda'r ofn o farw drwy dagu neu fygu, roedd am i'w gŵr ei helpu i farw, er y byddai hynny'n cael ei gyfrif yn gynorthwyo hunanladdiad, sy'n anghyfreithlon yn y Deyrnas Unedig.

Aeth Diane Pretty â'i hachos ger bron llys, gan ddefnyddio'r Ddeddf Hawliau Dynol i ddadlau y dylai'r Cyfarwyddydd Erlyniadau Cyhoeddus ymrwymo i beidio ag erlyn neb a fyddai'n ei helpu i farw. Ni dderbyniodd llysoedd Prydain ei dadleuon, a gwrthododd Tŷ'r Arglwyddi, llys uchaf Prydain, ei hachos yn y pen draw. Gwrthododd Llys Hawliau Dynol Ewrop gydnabod fod y Confensiwn Ewropeaidd ar Hawliau Dynol yn darparu hawl i farw, a methodd ei hapêl i'r llys hwnnw hefyd.

A fu Diane Pretty farw gydag urddas?

2 Ewthanasia anwirfoddol

Lladd claf sy'n methu dweud a ydy e neu hi am fyw neu farw yw hyn (er enghraifft, babanod newydd anedig, neu rywun sydd wedi dioddef niwed difrifol i'r ymennydd ac a fu mewn coma ers amser maith heb ddim ymwybyddiaeth o'i amgylchiadau – a elwir yn Gyflwr Diymateb Parhaus (*Permanent Vegetative State* (PVS) yn Saesneg). Mae cwestiwn PVS yn aml yn cael ei gysylltu â'r syniad o beth ydy bod yn berson.

Y cwestiwn sy'n aml yn cael ei gysylltu ag ewthanasia anwirfoddol yw: 'Pryd yn union mae rhywun yn peidio â bod yn berson ac yn marw?' Mae hwn yn gwestiwn perthnasol oherwydd os ydy claf wedi peidio â bod yn 'berson', gallai hynny newid ein hagwedd tuag at ewthanasia anwirfoddol yn fawr, gan nad ydyn ni bellach yn sôn am ladd person.

Gyda datblygiad gwyddoniaeth feddygol, mae'r ateb i'r cwestiwn yma wedi newid yn sylweddol dros y canrifoedd. Yn yr 17eg ganrif, er enghraifft, roedd person yn cael ei gyfrif yn farw pan fyddai curiad y galon a gweithrediad yr ysgyfaint yn darfod. Ond erbyn yr 20fed ganrif, gallai'r galon cael ei hatal yn ystod llawfeddygaeth ddargyfeiriol, felly doedd hwn ddim yn ddiffiniad digonol bellach. Mae gennym hefyd beiriannau anadlu sy'n gallu anadlu dros bobl – felly dydy hi ddim yn ddigon dweud 'pan fyddan nhw'n peidio ag anadlu' chwaith.

Y diffiniad mwyaf cyffredin ar hyn o bryd yw pan fydd yr ymennydd wedi marw. Ond mae hyn hefyd yn destun dadl bellach: ydy hyn yn golygu marwolaeth yr holl ymennydd, marwolaeth swyddogaethau uwch yr

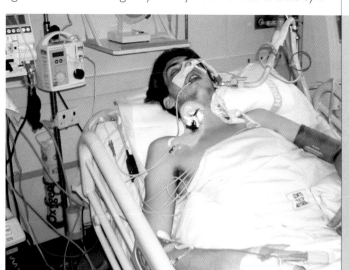

Ar ba bwynt mae rhywun yn peidio â bod yn berson?

3

ymennydd (yr ymwybyddiaeth, y meddwl a theimladau) neu farwolaeth bon yr ymennydd (*brainstem*) (lle bydd ar y claf angen peiriant i allu anadlu, ac nad yw'n arddangos unrhyw ymatebion penodol sy'n dibynnu ar gylchedau yn yr ymennydd)?

Astudiaeth achos: Anthony Bland (1972-1993)

Roedd Anthony Bland yn ddioddefwr 17-oed trychineb Stadiwm Bêl-droed Hillsborough 1989. Cafodd ei adael mewn cyflwr diymateb parhaus (PVS), cyflwr lle mae coma claf sydd â niwed difrifol i'r ymennydd wedi datblygu i gyflwr o fod yn effro ond heb ddim ymwybyddiaeth ganfyddadwy. Credai ei rieni na fyddai Anthony am gael ei gadw'n fyw yn y fath gyflwr. Gwnaeth yr ysbyty, gyda chefnogaeth ei rieni, gais am orchymyn llys a fyddai'n caniatáu iddo 'farw gydag urddas'. O ganlyniad, fe oedd y claf cyntaf yn hanes cyfreithiol Lloegr a Chymru i gael caniatâd llys i farw drwy atal y driniaeth a oedd yn ymestyn ei fywyd – hylif ac ymborth artiffisial. Cafodd hynny ei wneud ym 1993.

Pwnc seminar

A all ewthanasia fod yn iawn ar unrhyw achlysur pan na all cleifion roi eu caniatâd?

Tasg

Tasg sgrifennu

Edrychwch ar yr enghreifftiau yma a dywedwch a fydden nhw'n fater o ewthanasia gwirfoddol neu anwirfoddol a hefyd a fydden nhw'n golygu ewthanasia gweithredol neu oddefol:

a) Mae dyn sydd mewn poen oherwydd clefyd marwol yn gofyn i'w feddyg am chwistrelliad marwol er mwyn rhoi diwedd ar ei boen.

b) Mae plentyn yn cael ei geni ag anabledd difrifol a dydy hi ddim yn gallu bwyta. Mae'r rhieni'n gofyn i'r ysbyty beidio â'i bwydo.

c) Mae menyw sydd yn yr ysbyty yn marw o afiechyd terfynol yn gofyn iddyn nhw beidio â rhoi bwyd na dŵr iddi.

ch) Mae dyn mewn cyflwr diymateb parhaol ac mae ei deulu a'i feddygon yn penderfynu mai'r peth gorau fyddai rhoi chwistrelliad marwol iddo.

Dadleuon o blaid cyfreithloni ewthanasia gwirfoddol

Mae ymgyrch i gyfreithloni ewthanasia gwirfoddol gan grwpiau fel 'Urddas wrth Farw' wedi bod yn magu nerth. Cafodd nifer o ddadleuon (y mae rhai ohonyn nhw'n berthnasol i ewthanasia anwirfoddol hefyd) eu cynnig o blaid ewthanasia, yn cynnwys:

Mae canllawiau'r Cyngor Meddygol Cyffredinol yn dweud y dylai meddygon wrando ar ddymuniadau cleifion – a ddylai hynny gynnwys yr hawl i farw?

1 Rheolaeth bersonol

Mae'r llawlyfr *Good Medical Practice* (2006) ar gyfer meddygon a gyhoeddwyd gan y Cyngor Meddygol Cyffredinol yn dweud y dylai meddygon wrando ar gleifion ac ymateb i'w pryderon a'u dymuniadau. Dylent hefyd barchu hawl cleifion i benderfynu gyda'u meddygon ynglŷn

Good Medical Practice

General Medical Council

â'u triniaeth a'u gofal. Y claf ddylai benderfynu byw neu farw; byddai rhai hyd yn oed yn dadlau fod hyn yn hawl ddynol sylfaenol. Pa hawl sydd gan gymdeithas i orfodi pobl i aros yn fyw? A ydyn nhw'n cael eu cadw'n fyw i fodloni dymuniadau eu teulu yn hytrach na'u rhai nhw? Mae'r ddadl hon yn aml ynghlwm wrth:

2 Egwyddor 'ansawdd bywyd'

Cyflwr dynol yw ansawdd bywyd, lle mae person yn mwynhau iechyd corfforol, deallusol ac emosiynol; lle nad yw hynny'n bod oherwydd salwch difrifol, gall hynny weithiau gael ei ddefnyddio fel dadl o blaid ewthanasia. Gallai safon bywyd rhywun fod yn gwaethygu beunydd, gan atal y gallu i gael bodolaeth foddhaol. Er enghraifft, gallai pobl golli eu hurddas drwy fynd i wlychu a baeddu eu hunain, neu gael eu bod yn ddibynnol ar bobl eraill i ofalu amdanyn nhw. Dylai bodau dynol allu byw eu bywydau mewn ffordd urddasol tan ddiwedd eu dyddiau. Dylai rhywun hefyd allu gofyn 'Beth ydw i'n ei gyfrif yn fodolaeth urddasol?' a bod â'r hawl i farw os nad yw'n credu fod yr amodau hynny'n cael eu cyflawni.

3 Bydd ewthanasia yn diweddu dioddefaint rhywun

Cyn marw, bydd llawer o bobl yn dioddef poen difrifol (emosiynol, corfforol a seicolegol) na all cyffuriau wneud llawer i'w leddfu. Oni fyddai hi'n garedicach felly i ddiweddu eu dioddefaint yn gyflym? Mae dadleuon eraill o blaid cyfreithloni ewthanasia gwirfoddol yn cynnwys egwyddor tosturi – mae dyma, mewn rhai amgylchiadau, ydy'r peth mwyaf cariadus i'w wneud.

4 Bydd gwrthod caniatáu ewthanasia yn rhoi mwy o bwysau ar gymdeithas

Gyda'r uned deuluol draddodiadol yn chwalu mewn llawer o gymdeithasau, mae pobl yn cael eu gadael ar eu pen eu hunain, heb neb i ofalu amdanyn nhw. Mae rhai pobl yn dadlau fod ewthanasia yn well na chael eu gadael i farw ar eu pen eu hunain neu roi pwysau ar y Gwasanaeth Iechyd. Does dim digon o lefydd hosbis ar gyfer pawb ac mae angen mawr am organau i'w trawsblannu. Gallai'r rhai sy'n marw wybod eu bod yn helpu eraill i fyw. Mae pobl hefyd yn aml yn dweud y byddai'n well ganddyn nhw farw na dioddef dementia neu glefyd Alzheimer.

5 Mae'n byrhau dioddefaint teulu'r claf

Mae pobl yn cael fod y broses estynedig o salwch maith neu derfynol yn gallu effeithio'n fawr iawn ar les emosiynol, corfforol a seicolegol cymar/partner claf, teulu a ffrindiau. Byddai caniatáu i glaf farw'n gyflym yn cwtogi ar hyd y dioddefaint y byddai'n rhaid iddyn nhw ei oddef.

6 Byddai caniatáu ewthanasia yn gadael i ni gyfreithloni a rheoli beth sy'n digwydd eisoes

Gall meddygon roi morffin i'w cleifion i leihau'r boen, ond maen nhw'n gwybod mae sgîl-effaith hynny yw prysuro marwolaeth y claf. Y term am hyn ydy Egwyddor yr Effaith Ddeublyg. Pan fydd rhywun yn cyflawni gweithred er mwyn sicrhau effaith (canlyniad) pennaf da, dydyn nhw ddim yn cael eu hystyried yn gyfrifol am unrhyw effeithiad eilaidd anfwriadol. Yn yr achos yma, yr effaith pennaf yw lleihau'r boen mae'r claf yn ei dioddef; y canlyniad eilaidd anfwriadol yw byrhau bywyd y claf.

7 Beth ydy'r gwahaniaeth rhwng atal triniaeth (ewthanasia goddefol – sy'n gyfreithlon) a rhoi chwistrelliad marwol (ewthanasia gweithredol – sy'n anghyfreithlon)?

Y ddadl yn y fan yma yw, os caniatáu'r naill ffurf, y dylech ganiatáu'r llall. Mewn gwirionedd, gallai ewthanasia goddefol achosi mwy o ddioddefaint nag ewthanasia gweithredol, am y gallai'r claf fyw am fwy o amser mewn poen. Gallai ewthanasia gweithredol ganiatáu i bobl farw'n gyflym, yn llai poenus, a gyda mwy o urddas.

8 Mae ewthanasia gwirfoddol eisoes yn cael ei ganiatáu mewn gwledydd Ewropeaidd eraill

Mae'r Iseldiroedd, Gwlad Belg a Lwcsembwrg yn caniatáu ewthanasia, felly pam nid y DU? Byddai cefnogwyr ewthanasia yn dadlau fod hyn yn caniatáu i bobl farw gydag urddas. Am fod ewthanasia gweithredol gwirfoddol yn anghyfreithlon yn y DU, mae llawer o bobl sydd am farw gydag urddas yn cael eu gorfodi i deithio i wlad dramor i wneud hynny. Mae hynny nid yn unig yn gost ariannol ar y teulu ond yn bwysau ychwanegol ar adeg sydd eisoes yn llawn gofid. Byddai cyfreithloni ewthanasia gweithredol gwirfoddol yn caniatáu i bobl dreulio'u dyddiau olaf yn eu cartref eu hunain.

9 Dydy hi ddim yn iawn defnyddio adnoddau cyfyngedig y GIG ar driniaeth ddrud er mwyn ymestyn bywyd person sy'n marw o ychydig ddyddiau neu wythnosau

Mae gan ysbytai gyllideb ariannol gyfyngedig a dydy ymestyn bywyd rhywun sy'n mynd i farw drwy eu cadw ar beiriant cynnal bywyd ddim yn sicrhau'r gwerth gorau am arain o safbwynt holl gleifion yr ysbyty. Byddai'n well defnyddio'r adnoddau i drin cleifion eraill a gwella eu gobaith o oroesi neu gael gwell ansawdd bywyd. Gellid gwario'r arian, er enghraifft, ar drawsblaniad calon i blentyn ifanc, a allai wella ansawdd ei fywyd yn ddramatig, a gallai fynd ymlaen i fyw am flynyddoedd lawer.

Dadleuon yn erbyn ewthanasia

Mae nifer o ddadleuon yn erbyn ewthanasia hefyd, yn cynnwys:

1 Egwyddor 'sancteiddrwydd bywyd'

Mae'r ddadl hon yn cael ei defnyddio'n aml gan gredinwyr crefyddol. Mae'n seiliedig ar y gred fod bywyd dynol yn gysegredig ac felly, nad oes gan neb yr hawl i gymryd ei fywyd/bywyd ei hunan neu fywyd rhywun arall. Os ydy bywyd yn gysegredig (dan reolaeth Duw) ac wedi ei greu gan Dduw, yna dim ond Duw all ei derfynu. Mae ewthanasia, felly, yn herio ewyllys Duw.

2 Mae pobl sy'n dioddef afiechyd terfynol yn ddiymgeledd

Oherwydd hynny, ni ddylid gofyn iddyn nhw benderfynu tra'n dioddef. Gallai poen effeithio ar eu gallu i farnu. Gallai cleifion deimlo nad oedden nhw am fod yn faich ar eu teulu drwy barhau i fyw, a bod dan bwysau, felly, i derfynu eu bywyd.

3 Bydd gwneud i feddygon neu nyrsys berfformio ewthanasia yn tanseilio hyder pobl yn y proffesiynau hyn

Mae 'Urddas wrth Farw' yn hawlio nad oes unrhyw dystiolaeth y byddai hyder cleifion mewn meddygon a nyrsys mewn perygl pe bai eu swyddogaeth yn cynnwys terfynu bywydau. Does dim cefnogaeth i'r farn yma gan dystiolaeth meddygon neu gleifion.

4 Gallai cam-ddiagnosis arwain at gais am ewthanasia

Pobl yw meddygon a staff meddygol – maen nhw'n gallu gwneud camgymeriadau. Mae hyd yn oed cleifion mewn cyflwr diymateb parhaus wedi gwella, mewn rhai achosion. Mae'r amser y gall gymryd i anaf i'r ymennydd wella yn amrywio, a dim ond ar ôl deuddeg mis y rhoddir diagnosis o niwed parhaol. Ond ceir achosion lle gwellodd claf ar ôl hynny, er bod y tebygolrwydd o wella yn lleihau bob mis sy'n mynd heibio. Dydy pob salwch y barnodd meddyg ei fod yn farwol yn arwain at farwolaeth, chwaith. Dydy hi ddim yn anghyffredin clywed am gleifion yn cael prognosis terfynol ac yna'n byw yn llawer hwy na'r disgwyl, neu hyd yn oed yn gwella'n llwyr.

5 Sut allwn ni wybod beth yw'r cymhelliad pan gyflawnir ewthanasia?

Pan fydd rhywun yn gofyn am gael marw. a allwn ni fod yn siŵr nad cri o anobaith yw hyn, yn hytrach na phenderfyniad pendant? A all meddygon fod yn siŵr fod cleifion yn gwybod ac yn deall yr holl ffeithiau? Byddai'n rhaid i unrhyw broses o ewthanasia allu cadarnhau, y tu hwnt i bob amheuaeth, mai dyna wir fwriad y claf sy'n gofyn am ewthanasia, a bod y claf yn gwbl ymwybodol o'r sefyllfa. Gallai derbyn gwybodaeth anghywir neu fethu deall y sefyllfa adael claf mewn perygl o wneud penderfyniad na fyddai efallai, mewn gwirionedd, am ei wneud.

6 Dadl y 'llethr llithrig'

Mae dadl y 'llethr llithrig' yn mynnu y gallai caniatáu ewthanasia arwain at bethau gwaeth – fod y drws yn agored, os derbyniwn ewthanasia, i bob math o gamddefnydd, yn cynnwys baban-laddiad. Y ddadl yw fod ewthanasia yn golygu croesi llinell; cyn gynted ag y caiff y llinell honno ei chroesi, all neb ragweld y canlyniadau. Os ydych chi'n caniatáu ewthanasia, yna pam ddim baban-laddiad, lladd pobl anabl, ac ati? Mae perygl hefyd y gallai ewthanasia gwirfoddol ddatblygu'n ewthanasia gorfodol.

7 Mae ewthanasia yn benderfyniad sy'n effeithio ar eraill heblaw am y claf

Yn y pen draw, nid dim ond mater i'r unigolyn yw ewthanasia gwirfoddol, pan fydd angen cymorth meddygon. Mae'n effeithio ar eraill ac ar y gymdeithas gyfan – y meddygon sy'n cynorthwyo, y nyrsys sy'n gofalu am y claf, yr ysbyty lle mae'r peth yn digwydd, a'r gymuned ehangach. Rhaid cloriannu'r ddadl fod gan unigolyn yr hawl i farw gyda'r gymuned mae unigolion yn bodoli ynddi. Gallai derbyn yr arfer o ladd mewn ysbytai leihau y parch at fywyd y mae gwareiddiadau yn glynu wrtho yn fwy nag erioed heddiw o safbwynt hawliau dynol.

8 Mae'n ddyletswydd ar feddygon i ddiogelu bywyd

Mae'r llawlyfr *Good Medical Practice* (2006) ar gyfer meddygon yn dweud fod meddygon 'yn bersonol gyfrifol am eu harfer proffesiynol a rhaid iddynt fod yn barod bob amser i gyfiawnhau eu penderfyniadau a'u gweithredoedd.' Efallai mai'r traddodiad hynaf – neu'n sicr, yr un sy'n cael ei ddyfynnu amlaf – yn hanes meddygaeth yw y Llw Hipocratig. Mae'r llw yma, a enwyd ar ôl y meddyg Groegaidd enwog, Hipocrates, yn cynnig canllawiau i foeseg feddygol meddygon. Mae'r llw yn cynnwys nifer o ddyletswyddau mae'n rhaid i feddyg eu cyflawni fel:

- y ddyletswydd byth i niweidio claf;

- y dyletswydd i weithio hyd eithaf eu gallu er lles y claf;
- y dyletswydd i osgoi pob anghyfiawnder bwriadol.

Er bod union eiriad y llw wedi newid dros amser, mae'r bwriad cyffredinol yr un fath – sef parchu'r rhai sydd wedi traddodi eu gwybodaeth i wyddor meddygaeth, parchu'r claf, ac addo trin y claf hyd eithaf gallu'r meddyg.

9 Does dim rhaid i farw fod yn boenus – Mudiad yr Hosbisau

Mae datblygiad gofal lliniarol (*palliative*) effeithiol yn golygu na fydd pob claf sydd ag afiechyd terfynol yn wynebu marwolaeth boenus, heb urddas. Diben mudiad yr hosbisau yw gofalu am gleifion sy'n marw ac i addysgu'r cyhoedd a'r proffesiwn meddygol fod yna ddewisiadau eraill heblaw'r ddau begwn eithaf – marwolaeth boenus neu ewthanasia. Tŷ neu gartref pwrpasol lle gellir gofalu am bobl ag afiechyd terfynol yw hosbis, ac mae mwy na chant ohonyn nhw yn y DU. Gall pobl sydd ag afiechyd terfynol (marwol) gael gofal seibiant yno yn ystod eu salwch, gan obeithio gallu dychwelyd adref wedyn. Os na allan nhw fynd adref, efallai y byddan nhw'n mynd i gartref nyrsio. Mae'n bosibl y bydd claf o dan ofal hosbis am amser maith, ond bydd y rhan fwyaf o'r gofal hwnnw yn eu cartref eu hunain drwy law Nyrsys Macmillan (sydd fel arfer wedi eu cyflogi gan yr hosbis) neu mewn canolfannau gofal dydd. Mae rhai hosbisau yn llefydd y bydd pobl yn mynd iddyn nhw dros gyfnod olaf eu salwch. Mae'r mudiad hosbisau yn arbenigo mewn rheoli poen, a'r nod yw rhoi i bobl ag afiechydon poenus a therfynol yr ansawdd bywyd gorau posibl.

Barn crefyddau am ewthanasia

Iddewiaeth

Dadleuon o blaid ewthanasia

1   Mae Iddewon yn cefnogi'r ddadl 'sancteiddrwydd bywyd' yn erbyn ewthanasia. Yn ôl llyfr Genesis, Duw yw creawdwr bywyd. Cafodd bodau dynol eu creu ar ddelw Duw (Genesis 1: 28) ac felly maen nhw'n haeddu urddas a pharch. Mae popeth mae Duw yn ei greu yn dda, a Duw, a neb arall, ddylai benderfynu pryd y dylai ddod i ben. Mae bywyd yn rhodd gan Dduw.

A all marwolaeth naturiol fod yn un urddasol?

2   Rhoddodd Duw reolaeth i fodau dynol dros yr holl greadigaeth, felly mae'n gyfrifoldeb arnom i ddefnyddio rhoddion Duw i'r eithaf, yn cynnwys rhodd bywyd (Genesis 1: 26)

3   Ceir dyletswydd crefyddol yn y Deg Gorchymyn, 'Anrhydedda dy dad a'th fam' (Exodus 20: 12). Mae hynny'n aml yn cael ei ddehongli i olygu na fyddai diweddu bywyd perthynas oedrannus yn iawn.

4   Mae Iddewon yn cyfeirio hefyd at y gwaharddiad yn erbyn 'lladd' yn y Deg Gorchymyn (Exodus 20: 13) – 'Na ladd'. Drwy ganiatáu ewthanasia rydym yn caniatáu lladd bod dynol arall.

5   Mae llyfr Job yn awgrymu fod dioddefaint yn rhan o gynllun Duw a bod cymryd bywyd yn beth drwg. Er iddo fyw drwy'r fath ddioddefaint, dydy Job ddim yn ei ladd ei hun; mae'n dadlau fod yn rhaid derbyn dioddefaint fel y byddwn yn derbyn hapusrwydd a gorfoledd. 'Yr Arglwydd a roddodd, a'r Arglwydd a ddygodd ymaith' (Job 1: 21). Mae llawer o Iddewon yn credu fod y gyfraith Iddewig yn gwahardd ewthanasia gweithredol ac yn ei ystyried fel llofruddiaeth: iddyn nhw, does dim eithriadau i'r rheol hon a does dim gwahaniaeth os ydy'r claf eisiau marw.

Dadleuon o blaid ewthanasia

1   Ond mae dysgeidiaeth Rabbi Isserles yn dweud: 'Os oes yna unrhyw beth sydd yn atal ymadawiad yr enaid . . . yna caniateir ei ddileu.' Mewn iaith fwy modern, mae hynny'n golygu os oes rhywbeth yn rhwystro'r broses naturiol o farw, ac mai dyna'r unig beth sy'n cadw'r claf yn fyw, yna mae'r gyfraith Iddewig yn caniatáu symud y rhwystr hwnnw. Felly, os ydy claf yn sicr o farw, a dim ond peiriant anadlu sy'n ei gadw'n fyw, mae'r gyfraith yn caniatáu diffodd y peiriant am ei fod yn rhwystro'r broses naturiol o farw.

2   Mae Rabbi Moshe Feinstein a Rabbi Shlomo Zalman Auerbach wedi dyfarnu na ddylid cadw claf sy'n marw yn fyw drwy fodd artiffisial lle nad ydy'r driniaeth yn gwella'r salwch, gan wneud dim mwy nag ymestyn oes y claf dros-dro, a lle mae'r claf yn dioddef poen mawr. Gellir rhoi moddion i leddfu'r poen hyd yn oed os bydd hynny'n achosi i'r claf farw ynghynt, cyhyd ag nad oes sicrwydd y bydd y ddôs yn lladd, ac mai'r bwriad yw nid lladd ond lleddfu poen (Egwyddor yr Effaith Ddeublyg).

3   Mae rhai Iddewon yn dadlau eu bod yn cyflawni eu dyletswydd crefyddol yn y Deg Gorchymyn, 'Anrhydedda dy dad a'th fam' (Exodus 20:12) drwy barchu dymuniad rhiant am gael marw.

4   Mae dadl fawr hefyd ynglŷn â sut y dylid cyfieithu'r chweched gorchymyn o'r Hebraeg – fel 'Na ladd' neu 'Na lofruddia' (Exodus 20: 13). Mae rhai Iddewon yn dadlau, os caiff y gair Hebraeg *ratsah* ei gyfeithu fel 'llofruddio', fod hynny'n awgrymu dymuno achosi niwed bwriadol i berson arall – sydd yn beth drwg. Ond wrth gyflawni ewthanasia, 'lladd' ydy hynny: nid achosi niwed bwriadol, ond â'r bwriad o ddiweddu dioddefaint person arall, a gellir caniatáu hynny.

Cristnogaeth

Dadleuon yn erbyn ewthanasia

1   Mae Cristnogion yn cefnogi'r ddadl 'sancteiddrwydd bywyd' yn erbyn ewthanasia. Yn ôl llyfr Genesis, Duw yw creawdwr bywyd. Cafodd bodau dynol eu gwneud ar ddelw Duw (Genesis 1: 28) felly maent yn haeddu urddas a pharch. Mae popeth y mae

Duw yn ei greu yn dda, a Duw, a neb arall, ddylai benderfynu pryd y dylai ddod i ben. Mae bywyd yn rhodd gan Dduw.

2   Rhoddodd Duw reolaeth i fodau dynol dros yr holl greadigaeth, felly mae'n gyfrifoldeb arnyn nhw i ddefnyddio rhoddion Duw i'r eithaf, yn cynnwys rhodd bywyd (Genesis 1: 26)

3   Mae Cristnogion yn cyfeirio hefyd at y gwaharddiad yn erbyn 'lladd' yn y Deg Gorchymyn (Exodus 20: 13) – 'Na ladd'. Drwy ganiatáu ewthanasia maen nhw'n caniatáu lladd bod dynol arall.

4   Er iddo fyw drwy ddioddefaint mawr, gwrthododd Job ladd ei hun, gan ddadlau fod yn rhaid derbyn dioddefaint fel y byddwn yn derbyn hapusrwydd a gorfoledd. Rydym yn rhydd i ddod o hyd i ystyr, hyd yn oed yng nghanol ein holl drafferthion. Mae rhai Cristnogion yn gweld dioddefaint fel cyfle i dyfu'n ysbrydol ac ymateb iddo fel y gwnaeth Iesu – mewn ffordd bositif.

5   Dywedodd Sant Paul 'oni wyddoch fod eich corff yn deml i'r Ysbryd Glân?' (1 Corinthiaid 6: 19). Mae hyn hefyd yn awgrymu na ddylem ein dinistrio'n hunain, gan fod pob bywyd yn cynnwys Ysbryd Glân Duw.

6   Yn y cylchlythyr *Evangelium Vitae* ym 1995, cadarnhaodd y Pab John Paul II safbwynt blaenorol yr Eglwys Babyddol: 'Mae ewthanasia yn dramgwydd difrifol yn erbyn cyfraith Dduw, gan ei fod yn broses fwriadol a moesol annerbyniol o ladd person dynol. Mae'r athrawiaeth hon yn seiliedig ar y ddeddf naturiol ac ar air ysgrifenedig Duw.'

7   Mae ewthanasia hefyd yn groes i un o orchmynion blaenaf y Ddeddf Naturiol, sef, 'byw'. Drwy ladd rhywun, rydych yn eu hatal rhag cyflawni un pwrpas a roddodd Duw iddyn nhw, sef 'byw'. Ond mae pobl yn gwahaniaethu rhwng diweddu bywyd yn fwriadol a lleddfu poen rhywun drwy roi cyffuriau sydd â'r sgîl-effaith o ladd y person (Egwyddor yr Effaith Ddeublyg).

8   Byddai rhai Cristnogion yn dweud pe baen ni'n gofalu am ein gilydd, gan gynnig y gefnogaeth iawn a lleddfu poen, ddylai ddim bod angen ewthanasia. Mae nifer o Gristnogion yn gweithio yn y mudiad hosbisau sy'n ceisio gofalu am gleifion er mwyn cynnal 'ansawdd bywyd' wrth iddyn nhw nesáu at farwolaeth. Dywedodd Iesu y dylem dosturio wrth eraill: 'Fel y cerais i chwi, felly yr ydych chwithau i garu'ch gilydd' (Ioan 13: 34).

Dadleuon o blaid ewthanasia

1   Ar y llaw arall, mae yna rai Cristnogion sy'n credu y dylai pobl gael marw gydag urddas ac a fyddai am i'r dewis o ewthanasia cyfreithlon i fod ar gael. Mae'n nhw'n dadlau y gorchmynnodd Iesu i ni fod yn dosturiol: 'Fel y cerais i chwi, felly yr ydych chwithau i garu'ch gilydd' (Ioan 13: 34) – ac os yw hynny'n golygu helpu rhywun arall i farw, bydded felly.

2   Mae rhai Cristnogion yn dadlau eu bod yn cyflawni eu dyletswydd crefyddol yn y Deg Gorchymyn, 'Anrhydedda dy dad a'th fam' (Exodus 20:12) drwy barchu dymuniad rhiant am gael marw.

3   Mae dadl fawr hefyd ynglŷn â sut y dylid cyfieithu'r chweched gorchymyn o'r Hebraeg – fel 'Na ladd' neu 'Na lofruddia' (Exodus 20: 13). Mae rhai Cristnogion yn dadlau, os caiff y gair Hebraeg '*ratsah*' ei gyfieithu fel 'llofruddio', fod hynny'n awgrymu dymuno achosi niwed bwriadol i berson arall – sydd yn beth drwg. Ond wrth gyflawni ewthanasia, 'lladd' ydy hynny: nid achosi niwed bwriadol, ond â'r bwriad o ddiweddu dioddefaint person arall, a gellir caniatáu hynny.

4 Datblygodd y syniad o bwysigrwydd ein 'bwriad' gan y diwinydd Pabyddol, Thomas Aquinas, yn Egwyddor yr Effaith Ddeublyg sydd yn dweud, lle ceir effaith ddeublyg, fod un o'r effeithiau yn un roeddem yn ei fwriadu a'r llall yn anfwriadol. Felly, gallai Cristnogion ddadlau y dylid caniatáu ewthanasia os nad oes bwriad i ddod â bywyd rhywun i ben, dim ond lleihau poen drwy roi cyffuriau i'r claf – a allai fod â'r sgîl-effaith o'u ladd.

5 Mae'n ymddangos fel pe bai dwy enghraifft o'r hyn sy'n ymddangos fel ewthanasia gwirfoddol yn yr Hen Destament:

a) y cyntaf yw Abimelech yn gofyn i'r llanc a oedd yn cludo'i arfau i'w ladd (Barnwyr 9: 52-5). Gan gredu ei fod wedi cael ei glwyfo'n farwol mewn brwydr, mae'n gofyn i'r llanc ei ladd, ac mae hwnnw'n gwneud. Felly, mae arweinydd yr Israeliaid yn osgoi 'gwarth' cael ei ladd gan wraig. Mae ei farwolaeth yn cael ei gweld fel cosb gyfiawn am lofruddio ei saith deg brawd. Dydy'r hanes ddim yn dweud a gafodd y cludydd arfau ei gosbi. Gallai rhai Cristnogion ddadlau os cafodd Abimelech farw gydag urddas, yna dylai eraill allu gwneud hynny hefyd;

b) yr ail enghraifft yw marwolaeth y brenin Saul. Mewn un fersiwn (1 Samuel 31) mae Saul yn cyflawni hunanladdiad. Mewn un arall (2 Samuel 1), mae Amaleciad yn honni ei fod wedi lladd Saul wedi i Saul ofyn iddo ei ladd. Mae Dafydd yn gorchymyn i un o'i weision ladd yr Amaleciad wedyn, am fod y tramorwr yma wedi beiddio lladd y Brenin, nid am ei fod yn credu fod lladd Saul o dosturi yn drosedd a oedd yn haeddu'r gosb eithaf (2 Samuel 1:14). Felly cafodd yr Amaleciad ei ladd am ladd y Brenin (cynrychiolydd Duw) yn hytrach nag am helpu rhywun i farw.

Islam

Dadleuon yn erbyn ewthanasia

1 Mae Mwslimiaid yn gwrthod y syniad o ewthanasia – mae pob enaid yn berffaith hyd yn oed os nad yw'r corff. 'Ac ni all yr un person byth farw ond drwy ganiatád Allah ac ar adeg a benodwyd' (Sura 3: 145). Rhodd Allah yw bywyd ac mae'n ddyletswydd ar Fwslimiaid i'w barchu ac ymostwng i ewyllys Allah. 'Na ddinistriwch eich hunain. Yn sicr y mae Allah yn trugarhau wrthoch beunydd' (Sura 4: 29).

2 Bydd Allah'n gwybod beth yw'r rheswm dros unrhyw ddioddefaint. Dydy Allah ddim yn greulon, felly mae'n rhaid fod rheswm am y boen. Mae Allah'n penderfynu am ba hyd y bydd rhywun yn byw; nid dewis personol yr unigolyn mohono, a dydy Allah byth yn annheg. 'Pan ddaw eich amser i ben, ni fyddwch yn gallu oedi'r dydd o brysur bwyso o un awr, nac yn gallu ei dwyn ymlaen o un awr' (Sura 16: 61).

3 Y mae i bopeth ei *shariah* (llwybr cywir neu bwrpas mae Allah wedi ei roi iddo) naturiol, felly ddylai Mwslimiaid ddim mynd yn groes i natur.

4 Mae'n ddyletswydd ar Fwslimiaid hefyd i ofalu am hen bobl a phobl sâl, yn enwedig aelodau o'r teulu: 'Byddwch yn garedig wrth eich rhieni a'ch tylwyth, a'r amddifad a'r anghenus' (Sura 2: 83).

5 Dyfarnodd y Cyngor Islamaidd Ewropeaidd dros Fatwa ac Ymchwil ym mis Gorffennaf 2003 fod ewthanasia 'gweithredol' neu 'oddefol' neu ladd trugarog a hunanladdiad oll wedi eu gwahardd yn Islam.

'Mae'n waharddedig i glaf ladd ei hunan neu i eraill ei ladd/ei lladd hyd yn oed os yw'r claf ei hunan yn caniatáu iddynt wneud hynny. Nid yw'r achos cyntaf yn ddim amgen na hunanladdiad, ac mae'r ail yn dwyn bywyd.'

Dyfarnodd y cyngor y dylid caniatáu datgysylltu peiriannau cynnal-bywyd oddi wrth rhai sy'n glinigol farw:

'Mae'r peiriannau hyn yn helpu cleifion i anadlu ac yn ysgogi cylch eu gwaed, ond os ydynt eisoes yn glinigol farw ac wedi colli eu holl synhwyrau oherwydd niwed i'r ymennydd, ni fyddai'n gall cadw'r peiriannau hyn i redeg, gan eu bod yn costio llawer o arian i'r ysbyty, a gallai fod mawr angen amdanynt ar gleifion eraill,' meddai'r cyngor.

Hindŵaeth

Dadleuon yn erbyn ewthanasia

1 Mae Hindwiaid yn credu fod pob bywyd yn sanctaidd. Maen nhw'n credu fod yn rhaid i unigolyn sydd â salwch marwol ddisgwyl i Dduw benderfynu pa bryd y dylai farw.

2 Byddai ewthanasia yn ymyrryd â *dharma* (dyletswydd) yr unigolyn ac yn achosi i'r enaid a'r corff ymwahanu ar yr adeg anghywir.

3 Karma o fywyd blaenorol sy'n achosi dioddefaint, felly mae'n rhaid ei oddef er mwyn cyrraedd *moksha* (rhyddhad o ailymgnawdoliad) yn y pen draw. Byddai pwy bynnag fyddai'n helpu rhywun arall i farw yn creu karma drwg iddyn nhw'u hunain.

4 Egwyddor arall bwysig mewn Hindŵaeth yw *ahimsa*, sef peidio â bod yn dreisgar neu achosi niwed i fodau eraill, ac mae hynny fel pe bai'n gwahardd ewthanasia hefyd. Mae Hindwiaid yn credu yn dylid gofalu am glaf nes iddo/iddi farw.

Dadleuon o blaid ewthanasia

1 Dadleuai Gandhi, ar y llaw arall, y gallai *ahimsa* ganiatáu lladd pe bai'r weithred yn seiliedig ar gymhelliad cwbl anhunanol er mwyn achosi budd ysbrydol. Gellid dadlau, felly, fod rhywun sy'n helpu i ddiweddu bywyd sy'n llawn poen yn cyflawni gweithred dda ac felly'n cyflawni dyletswydd moesol.

2 Gallai Hindwiaid ddadlau hefyd fod cadw rhywun yn fyw yn artiffisial ar beiriant cynnal bywyd, yn hytrach na'i helpu i farw, yn weithred ddrwg hefyd, gan fod dymuno peidio â cholli rhywun annwyl yn rheswm hunanol.

Bwdhaeth

Dadleuon yn erbyn ewthanasia

1 Does gan Fwdhyddion ddim un farn gyffredinol am ewthanasia, ond mae llawer ohonyn nhw'n dilyn cod moesol o'r enw y Deg Argymhelliad. Nid rheolau mo'r rhain, ond addewidion y dylai person geisio eu cyflawni, a fydd yn ei helpu i ddatblygu'n ysbrydol. Mae un o'r argymhellion yn dweud na ddylem 'niweidio'r un creadur byw'. Mae hynny'n cael ei ddeall yn eang iawn fel peidio â lladd neu frifo – nid dim ond yn gorfforol ond hefyd yn feddyliol ac yn emosiynol. Byddai'r argymhelliad hwn, felly, yn awgrymu fod cyflawni ewthanasia yn beth drwg.

2 Byddai aelodau o'r sangha fynachaidd yn cael eu diarddel pe baen nhw'n annog rhywun i helpu rhywun arall i gyflawni ewthanasia gwirfoddol neu pe baen nhw'u hunain yn helpu unigolyn i gyflawni ewthanasia gwirfoddol. Dydyn nhw ddim yn cael lladd person yn fwriadol neu annog rhywun arall i ladd person. *Metta* (cariad) a *karuna* (tosturi) yw sail eu dysgeidiaeth.

3 Mae yna nifer o hosbisau Bwdhaidd. Dydy marw ddim yn golygu rhyddhad o ddioddefaint oherwydd mae karma yn parhau yn y fodolaeth nesaf. Mae

Ymddiriedolaeth yr Hosbisau Bwdhaidd yn cynnig help a chefnogaeth i rai sy'n marw a'u ffrindiau a'u perthnasau. Dydyn nhw ddim yn cynnig gofal meddygol neu nyrsio, ond yn canolbwyntio ar ateb anghenion ysbrydol.

4   Gwelir *dukkha* (dioddefaint) fel rhan naturiol o fywyd. Mae marw yn cael ei weld fel cyfle i dyfu'n ysbrydol, ac ni ddylid ymyrryd â'r broses.

5   Byddai Bwdhyddion eraill yn cwestiynu bwriad unrhyw un a oedd yn dadlau o blaid ewthanasia – ai gweithred o dosturi yw hyn neu mater o gefnu ar eich cyfrifoldeb am berson arall? Meddai'r Hybarch Thich Nhat Hahn: 'Gadewch i ni lenwi'n calonnau â'n tosturi – tuag at ein hunain ac at bob bod byw. Gadewch i ni weddïo am i ni beidio â bod yn achos dioddefaint i'n gilydd. Gadewch i ni erfyn ar ein hunain i fyw mewn ffordd na fydd yn amddifadu eraill o aer, dŵr, bwyd, lloches neu'r cyfle i fyw.'

Dadleuon o blaid ewthanasia

1   Mae'r Dalai Lama wedi dweud: 'Os ydy rhywun yn sicr yn mynd i farw, ac mewn poen mawr neu mewn cyflwr diymateb i bob pwrpas, a bod ymestyn ei fodolaeth yn gwneud dim ond achosi anawsterau a dioddefaint i bobl eraill, gellid caniatáu diweddu ei fywyd yn ôl moeseg Fwdhaidd Mahayana.' (Llythyr gan y Dalai Lama, *Asia Week*, Tachwedd 1985).

2   Dywedodd Kalu Rinpoche, yn *The Tibetan Book of Living and Dying* (1994), yn glir fod pobl angheuol sâl sy'n penderfynu dod oddi ar beiriant cynnal bywyd, yn cyflawni 'gweithred niwtral o ran karma' a bod helpu rhywun sydd yn marw sy'n gofyn i ni ddatgysylltu offer cynnal bwyd yn niwtral o ran karma hefyd, a bwrw mai ein cymhelliad sylfaenol yw lleddfu dioddefaint y person hwnnw. Mae rhai Bwdhyddion yn gwrthwynebu ewthanasia, wrth gwrs, ond does dim cytundeb cyffredinol ymhlith Bwdhyddion ar y mater hwn, yn enwedig yn y traddodiadau Mahayana.

Sikhaeth

Dadleuon yn erbyn ewthanasia

1   Mae Sikhiaid hefyd yn gweld bywyd fel rhodd Duw. Mae llawer o Sikhiaid yn erbyn ewthanasia am ei bod yn credu mai Duw sydd i benderfynu pryd y dylem farw: 'Beth bynnag a wna Duw, derbyniwch hynny â phleser; mewn cysur ac mewn dioddefaint, myfyriwch arno ef' (AG 209, SGGS).

2   Mae Sikhiaid yn credu y dylai bodau dynol dderbyn fod dioddefaint yn digwydd a gwneud y gorau o hynny er mwyn ceisio gwella eu karma.

3   Mae llawer iawn o ddysgeidiaeth Sikhaidd yn canolbwyntio ar ofal am eraill, a thrwy ddarparu gofal da iawn ar gyfer rhai sy'n dioddef (e.e. mewn hosbis) maen nhw'n gobeithio na fydd y person hwnnw am ddiweddu ei fywyd.

Dadleuon o blaid ewthanasia

1   Fodd bynnag, does dim un agwedd Sikhaidd gyffredinol tuag at y mater hwn. Mae rhai'n credu mai rhodd Duw yw bywyd, ond mae Sikhaeth hefyd yn dysgu bod dyletswydd i ddefnyddio bywyd mewn ffordd gyfrifol. Mae nifer o Sikhiaid yn credu mai ansawdd bywyd sy'n bwysig, nid ei hyd. Ni ddylai Sikhiaid ofni marwolaeth – nid dyna'r diwedd.

'Mae gwawr y dydd newydd yn cyhoeddi'r machlud. Nid y ddaear mo'th gartref parhaol. Mae bywyd fel cysgod ar y mur. Ymadawodd dy holl ffrindiau. Rhaid i tithau fynd cyn hir.' (Ravidas AG 793)

2 Dylai Sikhiaid sy'n ystyried ewthanasia eu hunain neu i helpu rhywun arall wahaniaethu'n briodol rhwng diweddu bywyd a pheidio ag ymestyn cyflwr angheuol mewn ffordd artiffisial.

3 Byddai ewthanasia gwirfoddol yn dderbyniol i rai, cyhyd â bod mesurau diogelwch meddygol/cyfreithiol wedi eu sefydlu.

Tasg

Tasg sgrifennu	a) Eglurwch pam y gallai un o grefyddau mawr y byd wrthwynebu cyfreithloni ewthanasia.
	b) 'All helpu rhywun i farw sydd eisiau marw ddim bod yn beth drwg.' Aseswch y farn yma.

Geirfa

ansawdd bywyd	Cyflwr dynol o les corfforol, deallusol ac emosiynol; mae bod heb y rhain oherwydd salwch difrifol weithiau'n cael ei ddefnyddio fel dadl o blaid ewthanasia
egwyddor yr 'effaith ddeublyg'	Lle nad yw rhywun sy'n gweithredu i sicrhau effaith (canlyniad) pennaf da yn cael ei ystyried yn gyfrifol am unrhyw effeithiau eilaidd anfwriadol
ewthanasia	Yn llythrennol, 'marwolaeth dda' – proses feddygol lle bydd claf yn diweddu ei fywyd/ei bywyd ei hun oherwydd poen neu ddioddefaint mawr, neu ganiatáu neu achosi i fywyd claf ddod i ben, gyda chaniatâd cyfreithiol, oherwydd salwch difrifol
ewthanasia anwirfoddol	Lladd claf sy'n methu mynegu ei ddymuniadau o ran byw neu farw
ewthanasia goddefol	Caniatáu i glaf farw drwy atal triniaeth feddygol neu fwyd a diod, er enghraifft, diffodd system cynnal-bywyd claf sydd mewn coma
ewthanasia gweithredol	Gweithredu'n fwriadol i ddiweddu bywyd claf
ewthanasia gwirfoddol	Achosi marwolaeth claf, lle mae'r unigolyn dan sylw wedi mynegi dymuniad a rhoi cydsyniad
sancteiddrwydd bywyd	Cred fod bywyd dynol yn gysegredig ac nad oes gan neb hawl i gymryd ei fywyd/ei bywyd ei hun neu fywyd rhywun arall

Hawliau Anifeiliaid

Nod

Ar ôl astudio'r bennod yma, dylech fod yn gallu dangos gwybodaeth a dealltwriaeth glir o'r gwahanol safbwyntiau am statws moesol anifeiliaid a rhai o'r dadleuon o blaid ac yn erbyn bwyta anifeiliaid, arbrofi arnyn nhw, eu hela/cwlio (cull), a'u cadw fel anifeiliaid anwes neu er mwyn adloniant. Dylech hefyd fod yn gallu deall y dadleuon cyferbyniol o blaid lladd anifeiliaid am fwyd, am bleser neu ar gyfer ymchwil feddygol, a gallu penderfynu i ba raddau mae hawliau anifeiliaid yn gydnaws ag egwyddorion crefyddol.

A ydych chi'n cytuno â barn Aristotlys am hawliau anifeiliaid?

A oes gan anifeiliaid statws moesol?

Y cefndir hanesyddol

Am ganrifoedd lawer, roedd pobl ar y cyfan yn derbyn barn yr athronydd Groegaidd Aristotlys fod anifeiliaid ddim ond yn bodoli er mwyn bodloni dymuniadau ac anghenion bodau dynol. Dywedodd nad oedd gan anifeiliaid, yn wahanol i fodau dynol, y gallu i ymresymu ac, o ganlyniad, doedd gan anifeiliaid ddim statws moesol. Roedd hynny'n golygu nad oedd gwerth iddyn nhw ynddyn nhw'u hunain, ac nad oedden nhw'n haeddu unrhyw 'hawliau'. Roedd y farn yma yn dal yn gyffredin yn yr 17eg ganrif: dywedodd Descartes 'Rwy'n meddwl, felly rwy'n bod' a oedd yn awgrymu fod y gallu i ymresymu yn un o rodweddion allweddol statws moesol.

Felly, ar un adeg, roedd anifeiliaid yn cael eu hystyried fel dim byd mwy nag adnoddau y gallen ni eu defnyddio a'u mwynhau, ond mae llawer mwy o bryder yn awr am y dioddefaint mae pobl yn ei achosi i anifeiliaid. Mae cwestiwn 'hawliau anifeiliaid' wedi mynd yn un pwysig, yn enwedig yng nghymdeithas y Gorllewin.

Pwnc seminar

Os ydych yn derbyn, fel man cychwyn, barn Aristotlys na all anifeiliaid feddwl yn rhesymegol, ym mha ffyrdd eraill mae anifeiliaid yn wahanol i bobl?

Mae'n gwybodaeth wyddonol am anifeiliaid a'n dealltwriaeth wedi cynyddu'n fawr yn y canrifoedd diwethaf. Mae datblygiadau fel damcaniaeth esblygiad Darwin wedi achosi i bobl ailfeddwl am y 'bwlch' honedig rhwng pobl ac anifeiliaid. Os ydym yn rhannu dolen gyswllt gyffredin gydag anifeiliaid eraill, fel primatiaid, mae hyn yn tanseilio'r honiad ein bod yn uwchraddol i rywogaethau eraill. Mae ymchwil ddiweddar wedi darganfod fod yr epa yn rhannu bron 99 y cant o'i enynnau gweithredol gyda bodau dynol, a hyd yn oed pan ystyrir y gwahaniaethau mewn DNA llai pwysig, mae'r tebygrwydd rhyngom yn dal i fod yn 96 y cant.

Mae llawer o gredinwyr wedi dechrau ailystyried pwysigrwydd swyddogaeth y ddynolryw yn y byd hefyd. Mae Cristnogion yn yr oes fodern wedi pwysleisio'r syniad o'r angen sydd i ni arddangos **stiwardiaeth** neu ofal cyfrifol am y byd. Mae hyn yn seiliedig ar y syniad fod Duw wedi rhoi'r cyfrifoldeb i ni o ofalu am y byd, ei amgylchedd, a'r holl greaduriaid eraill sydd ynddo.

Pa un, os unrhyw un, o'r rhain ydy'ch safbwynt chi at hawliau anifeiliaid?

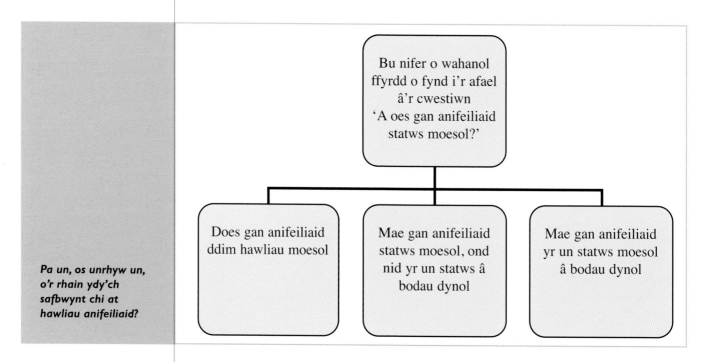

Tasg

Tasg sgrifennu   Sgrifennwch frawddeg yn rhoi'ch barn am statws moesol anifeiliaid. Cymharwch eich ateb gydag ateb aelod arall o'ch grŵp.

1 *Does gan anifeiliaid ddim hawliau moesol – does gennym ni ddim dyletswydd moesol tuag at anifeiliaid.*

Mae hyn yn golygu mae dim ond fel cyfrwng y mae anifeiliaid yn werthfawr – dim ond oherwydd eu bod yn ddefnyddiol i bobl mae gwerth iddyn nhw. Er enghraifft, mae ar fodau dynol angen bwyta cig, felly mae lladd anifeiliaid i gael bwyd yn rhan naturiol o'n bodolaeth fiolegol. Does gan anifeiliaid ddim statws moesol neu hawliau, oherwydd dydyn nhw ddim fel pe baen nhw'n gallu ymresymu, a does ganddyn nhw ddim ewyllys rydd na chydwybod. Hyd y gwyddom, all anifeiliaid ddim ymddwyn yn 'foesol'. Er enghraifft, dydyn nhw ddim yn gallu meddwl yn rhesymegol ynglŷn â lladd neu beidio, dim ond gweithredu'n reddfol. Byddai rhai pobl yn dadlau fod y syniad o hawliau ddim ond yn briodol yn achos bodau sydd â hunan-ymwybyddiaeth a system gymdeithasol ac sy'n gallu mynegi eu dyheadau a bod yn gyfrifol am eu gweithredoedd – all anifeiliaid ddim gwneud hynny.

2 *Mae gan anifeiliaid statws moesol – dylem eu trin â pharch ond, yn y pen draw, mae llai o werth iddyn nhw na phobl.*

Mae hyn yn awgrymu fod gwerth cynhenid i anifeiliaid – maen nhw'n deilwng o fod â statws moesol. Dydy anifeiliaid ddim yn gydradd â ni (am y rhesymau uchod): fel aelodau cyflawn o'r gymuned foesol, mae gan fodau dynol hawliau a dyletswyddau nad oes gan anifeiliaid. Er enghraifft, os oes gennych hawl i fyw, yna mae gan bawb yr hawl i beidio â chael eu lladd. Ond all anifeiliaid ddim deall y syniad yma, ac felly, dydyn nhw ddim yn haeddu cael hawliau. Dadl arall yw bod gan fodau dynol, fel y rhywogaeth fwyaf pwerus ac uwchraddol, gyfrifoldeb i ofalu am rywogaethau eraill. Mae'r syniad fod gan anifeiliaid statws moesol yn aml yn cael ei gysylltu â chwestiwn gallu anifeiliaid i deimlo poen ac i ddioddef. Os ydyn nhw'n gallu teimlo poen a dioddefaint, yna oni ddylen ni gytuno fod hawliau ganddyn nhw? On'd ydyn nhw'n haeddu'r hawl i gael eu trin â pharch? Dylem hefyd ystyried y ffaith na allwn, os ydym yn camdrin anifeiliaid, hawlio fod gennym werth moesol uwch fel bodau dynol.

3 *Mae gan anifeiliaid yr un statws moesol â phobl – maen nhw'n haeddu'r un parch â rhywogaethau eraill, fel y rhyw ddynol.*

Mae hyn yn mynnu fod gan anifeiliaid yr un gwerth cynhenid – mae gan fodau o bob math werth cydradd am yr hyn ydyn nhw. Mae anifeiliaid yn haeddu'r un hawliau â bodau dynol. Mae gan bob bod ei werth ei hun, a hwnnw'n werth cyfartal. Dydy hi ddim yn iawn ystyried anifeiliaid fel adnoddau i'w lladd am adloniad, neu arbrofi arnynt neu eu defnyddio i ddibenion ffasiwn. Mae'r syniad fod gan anifeiliaid statws moesol wedi cael ei ddatblygu gan athronwyr fel Richard Ryder a Peter Singer. Mae Ryder yn defnyddio'r term rhywogaetholdeb (*speciesism*) i ddisgrifio'r 'gred anghyfiawn fod un rhywogaeth yn uwchraddol i un arall', sy'n golygu fod gan aelod o un rhywogaeth ragfarn amlwg yn erbyn aelodau o rywogaeth arall. Mae Singer yn credu fod yr agwedd hon, yn union fel hiliaeth, yn beth drwg. Mae'n credu, os oes gan anifeiliaid hawliau, yna bod yn rhaid i hynny gynnwys yr hawl i gael eu hystyried yn llawn mor werthfawr â rhywogaethau eraill, hyd yn oed bodau dynol.

Tasg

Tasg ymchwil	Defnyddiwch wefan Crefydd a Moeseg y BBC (http://www.bbc.co.uk/religion/ethics/animals/, gweler yr adran 'Using animals') i nodi tair agwedd ar hawliau anifeiliaid.
	Beth ydy'r problemau moesol a godir gan y tair agwedd yma? A oes unrhyw wahaniaethau moesol ynglŷn a'r ffyrdd mae anifeiliaid yn cael eu defnyddio? A oes un ffordd sy'n fwy derbyniol na'r lleill? Os felly, pam?

Bydd ein hagwedd tuag at statws moesol anifeiliaid yn effeithio, yn y pen draw, ar ein barn am y gwahanol faterion yn ymwneud â hawliau anifeiliaid. Cymerwn, er enghraifft, y broblem o ganiatáu i bobl ddiffetha cynefinoedd naturiol anifeiliaid (fel fforestydd glaw yr Amazon). Efallai fod llawer o bobl yn cefnogi'r farn nad oes gan anifeiliaid statws moesol ac felly, os ydym yn uwch nag anifeiliaid, y dylem allu clirio fforestydd glaw er mwyn tyfu cnydau ar gyfer poblogaeth ddynol sy'n cynyddu beunydd, neu i ddefnyddio'r coed i adeiladu. Mae'n hanghenion ni yn cael y flaenoriaeth dros anghenion unrhyw anifeiliaid. Ond os ydych chi o'r farn fod gan anifeiliaid rai hawliau neu hawliau cydradd â phobl, yna gallech ddadlau nad oes gennym hawl i glirio fforestydd glaw a dinistrio amgylchedd naturiol yr anifeiliaid hyn. Gallai rhai rhywogaethau hefyd farw o'r tir o ganlyniad i ddinistrio'r fforestydd; pa hawl sydd gan bobl i ddileu rhywogaeth gyfan o anifeiliaid am byth?

A ydy ein hanghenion cynyddol ni yn cyfiawnhau dinistrio cynefinoedd naturiol anifeiliaid?

Dadleuon ynglŷn â defnyddio anifeiliaid

Awn ymlaen yn awr i ystyried nifer o faterion yn fwy manwl. Mae'r ddadl foesol ynglŷn ag anifeiliaid yn tueddu i ganolbwyntio ar bynciau fel:

- Anifeiliaid fel bwyd
- Arbrofi ar anifeiliaid
- Hela anifeiliaid
- Cwlio (*culling*)
- Anifeiliaid anwes/fel adloniant.

Mae agweddau gwahanol bobl tuag at y materion yma wedi eu pennu fel rheol gan eu barn am statws moesol anifeiliaid, fel y gwelsom.

i. Anifeiliaid fel bwyd

Mae'n cael ei amcangyfrif for rhyw 90 i 95 y cant o'r anifeiliaid sy'n dioddef ac yn marw oherwydd ymyriad dynol yn gwneud hynny oherwydd y galw am anifeiliaid fel 'bwyd'. Mae tua 2.5 miliwn o anifeiliaid yn cael eu lladd am fwyd bob dydd yn y DU. Gall newidiadau genynnol i rai o'r anifeiliaid hyn olygu eu bod yn darparu mwy o gig hefyd. Mae hyn yn codi cwestiwn pellach: hyd yn oed os yw hi'n dderbyniol magu anifeiliaid am fwyd, a ydy hi hefyd yn dderbyniol eu newid yn enynnol yn fwriadol er mwyn gwneud mwy o arian? Beth ydy'r sgîl-effeithiau posibl ar yr anifeiliaid? Sut y gallai bwyta'r fath fwyd effeithio ar bobl yn y tymor hir?

Mae 'dwys', 'diwydiannol', a 'ffatri' oll yn dermau sy'n cael eu defnyddio i ddisgrifio dulliau ffermio modern: 'dwys' am fod cymaint o anifeiliaid ag sy'n bosibl yn cael eu gosod gyda'i gilydd yn y gofod lleiaf y mae'r gyfraith yn ei ganiatáu; 'diwydiannol' oherwydd eu bod yn cael eu bwydo, eu dyfrhau a'u carthu drwy ddulliau otomatig yn aml; 'ffatri' oherwydd mai'r syniad y tu ôl i'r math hwn o ffermio yw masgynhyrchu, er mwyn gwneud cymaint o arian ag sy'n bosibl.

Un math o ffermio ffatri yw magu ieir batri. Daw 93% o wyau'r Undeb Ewropeaidd oddi wrth ieir batri, a 70% o wyau Prydain. Mae 24 miliwn o gyw ieir batri ym Mhrydain ar hyn o bryd, sy'n cadw prisiau wyau a chynnyrch cyw iâr yn isel. Ar ffermydd o'r fath, mae pum iâr yn cael eu gwasgu i mewn i gaets dim ond 45cm x 50cm o faint. All yr ieir hyn byth wneud pethau elfennol fel lledu eu hadenydd, clwydo neu wneud nyth, neu hyd yn oed gerdded neu redeg.

Mae'r caetsys hyn yn cael eu cadw ar ben ei gilydd mewn siediau heb ffenestri gyda goleuni artiffisial am ryw 17 awr y dydd, i annog yr ieir i ddodwy. Wrth i ŵy gael ei ddodwy, bydd yn glanio ar felt gludo ac yn cael ei gario ymaith i'w bacio. Mae'r adar yn cael eu rhoi yn y caetsys hyn pan fyddan nhw'n rhyw 18 wythnos oed ac yn aros yno nes eu bod yn 18 mis i ddwy flwydd oed, pan fyddan nhw'n cael eu lladd, a'u prosesu'n gawl, bwydydd babanod, ciwbiau stoc, cinio ysgol neu'n cael eu defnyddio yn y fasnach tai bwyta. Ym 1999, pasiodd yr Undeb Ewropeaidd ddeddf sy'n gwahardd caetsys batri o 2012 ymlaen; wedi hynny, bydd yn rhaid cadw'r ieir mewn caetsys mwy gyda nythod a phrennau clwydo.

Mae ffurf arall o ffermio ffatri yn seiliedig ar ffrwythloni gwartheg yn artiffisial ('tarw potel'). Y dull tarw potel yw'r drefn arferol ar ffermydd llaeth, a dyna sut y cynhyrchir y mwyafrif llethol o dda godro. Er mwyn cynhyrchu llaeth ar lefel ddiwydiannol, rhaid gwneud y da godro yn feichiog drwy ffrwythloni artiffisial, gan fod hynny'n cynyddu faint o laeth maen nhw'n ei gynhyrchu. Fel arfer, mae'r lloi yn cael eu cymryd oddi wrth eu mamau o fewn 24 awr o gael eu geni, ar ôl iddyn nhw sugno llaeth cyntaf eu mamau (y 'cynlaeth' neu'r 'colostrwm') sy'n llawn gwrthgorffynnau (*antibodies*). Mae gwahanu'r fuwch a'i llo yn achosi pryder a dioddefaint i'r ddau anifail. Mae da godro yn pori y tu allan fel arfer ym misoedd yr haf ond yn cael eu cadw dan do am weddill y flwyddyn, mewn cytiau concrid fel arfer. Mae gan bob buwch gwt i sefyll neu orwedd ynddo, a thu ôl i bob un, mae sianel sy'n casglu carthion y gwartheg. Ond cafodd llawer o'r cytiau sy'n cael eu defnyddio o hyd eu dylunio flynyddoedd yn ôl ac maen nhw'n rhy fach i'r anifail modern, mwy o faint. Mae hyn wedi golygu fod rhai o'r gwartheg yn sefyll yn y sianel garthion, sy'n destun pryder mawr o safbwynt iechyd.

O ganlyniad i hyn a dadleuon eraill ynglŷn â hawliau anifeiliaid, bydd rhai pobl yn dewis mynd yn llysieuwyr. Maen nhw'n credu, am resymau crefyddol neu rai eraill, fod lladd anifeiliaid am fwyd yn anfoesol, felly maen nhw'n dewis peidio â bwyta anifeiliaid. Mae rhai yn mynd ymhellach byth, ac yn mynd yn figaniaid, sy'n gwrthod bwyto, yfed neu ddefnyddio unrhyw gynnyrch anifeiliaid (e.e. llaeth, pysgod, cig, wyau, caws a lledr).

I'w ystyried

A ellir cyfiawnhau ffermio ffatri fel dull o gynhyrchu bwyd?

Mae dadleuon o blaid lladd anifeiliaid am fwyd yn cynnwys:

1 **Fel bodau uwchradd, mae gennym hawl i wneud beth a fynnom gydag anifeiliaid.** Os oes gennym 'arglwyddiaeth' dros anifeiliaid, gallwn eu defnyddio fel y gwelwn yn dda, yn cynnwys am fwyd.

2 **Mae'n rhaid i ni ddefnyddio anifeiliaid – mae arnom angen bwyd i fyw.** Mae bwyd yn angen sylfaenol er mwyn gallu byw, mae cig yn ffynhonnell fwyd, felly rydym yn bwyta cig er mwyn goroesi.

3 **Mae llawer o anifeiliaid heddiw yn cael eu creu i fod yn fwyd: fydden nhw ddim yn bodoli pe na baem yn eu creu.** Mae anifeiliaid fel moch, gwartheg, ieir, ac ati yn cael eu magu'n benodol er mwyn eu lladd am eu cig. Pe na bai eu hangen fel cig, fydden nhw ddim wedi cael eu creu drwy fridio yn y lle cyntaf.

4 **Mae'r ffaith fod pobl yn lladd anifeiliaid yn rhan o'r drefn 'naturiol'.** Mae anifeiliad yn lladd anifeiliaid eraill a'u bwyta, ac rydym ninnau yn ein tro yn lladd anifeiliaid i gael bwyd. Mae hyn, yn syml iawn, yn rhan o'r 'gadwyn fwyd' naturiol ar waith.

Mae dadleuon yn erbyn lladd anifeiliaid am fwyd yn cynnwys:

1 **Os oes gan anifeiliaid hawliau, yna maen nhw'n haeddu'r hawl fwyaf sylfaenol – yr hawl i fyw.** Ac eithrio eich bod yn credu nad oes gan anifeiliaid hawliau o gwbl, mae'n rhaid i chi gydnabod fod ganddyn nhw rai hawliau. Os oes ganddyn nhw rai hawliau, yna does bosibl na ddylen nhw fod â'r hawl fwyaf sylfaenol o'r cwbl, sef yr hawl i fyw.

2 **Does dim rhaid i bobl fwyta cig i fyw.** Byddai llysieuwyr/figaniaid yn dweud nad oes angen cig arnoch chi i fyw ac y byddech, yn wir, yn byw bywyd mwy iach heb fwyta cig.

3 **Mae llawer o anifeiliaid sy'n cael eu magu ar ffermydd ffatri yn byw mewn amodau gwael.** Mae eu triniaeth yn dangos diffyg parch. Er enghraifft, mae moch yn aml yn cael eu cadw yn y tywyllwch i'w tawelu, a gall dod â nhw allan i'r goleuni i gael eu cludo i'r lladd-dy achosi gofid mawr.

4 **Mae anifeiliaid sy'n cael eu lladd am fwyd yn aml yn cael eu lladd mewn ffyrdd creulon,** e.e. eu saethu, eu trydanu, torri gwythïen yn y gwddf, ac ati. Os oes gan anifeiliaid statws moesol, ac o ganlyniad, hawliau, maen nhw'n haeddu'r hawl i beidio â chael eu lladd am fwyd yn y ffyrdd yma.

Mae'r 'OncoMouse' wedi cael ei bridio'n arbennig ar gyfer ymchwil canser. Ydy hyn yn deg?

ii. Anifeiliaid mewn arbrofion meddygol ac anfeddygol

Gwneir mwy na 2 filiwn o arbrofion ar anifeiliaid bob blwyddyn yn y DU. Er enghraifft, mae'r 'OncoMouse', llygoden labordy sydd wedi cael ei hadnewid yn enynnol, yn cario gennyn penodol sydd yn gwneud y llygoden yn fwy tebygol o ddatblygu canser ac felly mae'n addas iawn ar gyfer ymchwil i ganser. Er mwyn cyfiawnhau gweithredoedd o'r fath (neu beidio), efallai y bydd o help i ni ofyn y cwestiynau canlynol am yr arbrofi:

1   **Beth yw'r rheswm am yr arbrawf?**
    Byddai llawer o bobl yn dadlau ei bod hi'n haws cyfiawnhau arbrofion os ydyn nhw'n cael eu defnyddio i arbrofi â chyffur i wella afiechyd difrifol yn hytrach nag ar gyfer colur newydd. Y ddadl yw fod arbrofi ar anifail er mwyn achub bywydau dynol yn dod â mwy o fudd i ni yn y pen draw na phrofion ar siampŵ i wneud i'ch gwallt sgleinio. Ond mae'n bosibl y byddai'r rheini sy'n dweud nad oes gennym unrhyw ddyletswydd moesol tuag at anifeiliaid yn anghytuno, ac yn caniatáu arbrofi am unrhyw reswm.

2   **Pa anifeiliaid sy'n cael eu defnyddio?**
    Mae pobl yn tueddu i wrthwynebu arbrofi ar yr anifeiliaid rydym yn fwyaf hoff ohonyn nhw, fel mwncïod neu anifeiliaid anwes poblogaidd (fel cwningod, cŵn a chathod). Ond mae'r rhan fwyaf o arbrofion yn cael eu gwneud ar lygod/llygod mawr, sy'n codi cwestiwn arall: a ddylai un anifail gael statws moesol uwch nag un arall?

3   **Faint o boen sy'n cael ei achosi i'r anifail?**
    Yn *An Introduction to the Principles of Morals and Legislation*, dywedodd yr Iwtilitarydd Jeremy Bentham am hawliau anifeiliaid: 'Y cwestiwn yw, nid a allan nhw ymresymu nac a allan nhw siarad? Ond, a allan nhw ddioddef?' Mae'n amlwg fod anifeiliaid yn gallu teimlo poen a dioddef (rhai, mae'n ymddangos, yn fwy nag eraill). Os ydy hyn yn wir, onid yw hi'n ddyletswydd arnon ni i leihau'r dioddefaint yma?

Mae dadleuon o blaid arbrofi ar anifeiliaid yn cynnwys:

1   **Mae mwy o werth cynhenid i fywyd dynol nag i fywyd anifail.** Os ydy bywyd dynol yn werth mwy na bywyd anifail, yna gellir cymryd bywyd anifail er mwyn achub bywyd dynol.

2   **Does dim ffordd arall o gael y wybodaeth a ddaw o'r fath arbrofion.** Byddai rhai pobl yn hawlio nad yw ffyrdd eraill o wneud profion ar foddion, fel modelu cyfrifiadur, yn rhoi canlyniadau mor gywir â phrofion ar anifeiliaid.

3   **Achosir cyn lleied o boen ag sy'n bosibl i'r anifeiliaid ac mae wedi ei reoli gan ddeddfwriaeth.** Mae deddfau llym iawn yn llywodraethu defnyddio anifeiliaid mewn meddygaeth, sy'n atal dioddefaint dianghenraid.

4   **Mae pob mathau o foddion defnyddiol wedi cael eu datblygu o ganlyniad i arbrofi ar anifeiliaid** fel brechiadau yn erbyn y gynddaredd (*rabies*), TB, polio, ac ati. Heb arbrofion o'r fath, gallem fod yn dal i geisio datblygu'r moddion hyn.

Mae dadleuon yn erbyn arbrofion ar anifeiliaid yn cynnwys:

1   **Mae gan anifeiliaid gymaint o hawl i fywyd â bodau dynol.** Os ydy'r anifeiliaid yn cael eu defnyddio am eu bod yn ddigon clos yn fiolegol i fodau dynol, yna pa hawl sydd gennym i'w defnyddio mewn arbrofion? Does bosib nad oes ganddyn nhw'r un hawliau â ni gan eu bod mor debyg yn fiolegol.

2 **Mae'r arbrofion yn achosi dioddefaint dianghenraid i anifeiliaid ac yn ein diraddio ni fel bodau dynol.** Os ydy anifeiliaid yn gallu teimlo poen, yna pam ddylen ni achosi iddyn nhw ddioddef pan fo ffyrdd eraill o wneud profion ar foddion (gweler isod). Os cawsom arglwyddiaeth dros yr anifeiliaid, dylem ddefnyddio'r pŵer hwnnw mewn ffordd bositif i ofalu am yr anifeiliaid, ac nid gwneud iddyn nhw ddioddef. Os ydyn ni'n achosi dioddefaint bwriadol i anifeiliaid, mae'n golygu ein bod wedi camddefnyddio'r pŵer a roddwyd i ni.

3 **Mae'n bosibl cael buddiannau (os oes rhai) arbrofion o'r fath mewn ffyrdd eraill** e.e. modelu cyfrifiadur – defnyddio technoleg wedi ei chyfuno â gwybodaeth gyfredol i ragweld beth fydd effeithiau a sgîl-effeithiau cyffur.

4 **Gall y straen mae anifeiliaid yn ei ddioddef mewn labordy wneud y canlyniadau'n ddiystyr.** Gall anifeiliaid allan o'u hamgylchedd naturiol (mewn labordy) fod o dan straen corfforol, sy'n golygu na fydd unrhyw ganlyniadau o'r arbrofion arnyn nhw yn gywir.

Mae gwyddonwyr yn cael eu hannog i:

leihau   (nifer yr anifeiliaid sy'n cael eu defnyddio);

gwella   (dulliau arbrofi er mwyn achosi cyn lleied â phosib o boen a dioddefaint);

disodli   (dod o hyd i ddulliau ymchwil amgen yn lle arbrofi ar anifeiliaid).

Ond pe baem yn atal arbrofion ar anifeiliaid yn llwyr, a fyddai hynny'n atal camau tuag at wella heintiau neu afiechydon sy'n gallu bod yn farwol, fel HIV neu ganser?

> **Pwnc seminar**
>
> *Gallai gwahardd arbrofi ar anifeiliaid arafu gallu gwyddoniaeth feddygol i ddarganfod triniaeth ar gyfer afiechydon dynol difrifol. A ellir cyfiawnhau hynny?*

iii. Poenydio/hela anifeiliaid

Mae llawer math o 'ddifyrrwch' yn bodoli sy'n golygu gwneud i anifeiliaid ddioddef, fel ymladd teirw, ymladd cŵn, baetio brochod, a hela. Cafodd baetio brochod neu foch daear, er enghraifft, ei wneud yn anghyfreithlon ym 1835, ond mae'n dal i ddigwydd yn anghyfreithlon. Mae brochod yn cael eu cloddio o'u daear (*sett*) ac naill ai'n cael eu gorfodi i ymladd yn erbyn cŵn yn y fan a'r lle, neu'n cael eu cludo ymaith i ymladd mewn man arall. Yn aml, bydd nifer o gŵn yn cael eu hysio ar froch. Weithiau bydd y broch wedi cael ei anafu'n fwriadol o flaen llaw er mwyn gwneud yr ymladdfa yn fwy 'teg'. Bydd y cŵn a'r brochod yn cael anafiadau ofnadwy, a chaiff y broch ei ladd gan y cŵn neu'r bobl sy'n gwylio. Cafodd yr heddlu fwy o bwerau i erlyn pobl sy'n cymryd rhan yn y math yma o greulondeb i anifeiliaid o dan Ddeddf Diogelu Moch Daear 1992.

Mae hela hefyd yn un o hen hen weithgareddau'r ddynolryw, p'run ai hela anifeiliaid am fwyd, neu fel difyrrwch. Yn ddiweddar, mae mwyfwy o bobl wedi dechrau gofyn a ydy hela'n iawn, yn enwedig fel difyrrwch, wrth i'n dealltwriaeth o anifeiliaid gynyddu. Er enghraifft, cafodd 'hela gyda chŵn hela' ei wneud yn anghyfreithlon yn y DU ym mis Tachwedd 2004.

A ydych chi'n credu y dylai hela â chŵn fod yn anghyfreithlon?

Pam?/Pam ddim?

Mae dadleuon o blaid hela yn cynnwys:

1 **Mae rhai anifeiliaid yn niwsans i anifeiliaid eraill, felly maen nhw'n cael eu hela i arbed stoc.** Mae ffermwyr yn hawlio, er enghraifft, fod llwynogod yn lladd eu da byw, felly bod hawl ganddyn nhw i ladd llwynogod er mwyn diogelu'r stoc.

2 **Mae hela yn draddodiad, yn hen hen ddifyrrwch, felly dylid ei gadw.** Mae'r rheini sy'n cefnogi hela yn dadlau ei fod yn rhan o'n treftadaeth ddiwylliannol a bod dyletswydd arnom felly i'w gynnal.

3 **Mae helwyr medrus yn sicrhau nad yw anifeiliaid yn dioddef yn ormodol.** Mae helwyr profiadol yn gwybod sut mae lladd anifail yn y ffordd leiaf poenus gan achosi cyn lleied o ddioddefaint ag sy'n bosibl.

4 **Mae'n rhaid i bobl fwyta, ac mewn rhai rhannau o'r byd, hela yw'r brif ffordd o sicrhau bwyd.** Mae yna lefydd yn y byd lle mae hela yn dal i ddarparu bwyd angenrheidiol.

Mae dadleuon yn erbyn hela yn cynnwys:

1 **Mae'n rhaid bod yna ffyrdd llai creulon o ladd yr anifeiliaid, os oes rhaid eu lladd.** Os oes rhaid lladd anifail am ei fod wedi bod yn lladd anifeiliaid fferm, yna dylid ei ladd yn y ffordd leiaf poenus bosibl, e.e. drwy ei saethu, yn hytrach na'i hela am oriau ac achosi'r fath ofid iddo.

2 **Gall hela un rhywogaeth darfu ar y gadwyn fwyd ac effeithio ar rywogaeth arall.** Os caiff un rhywogaeth o anifail ei hela nes iddo ddarfod o'r tir, bydd hynny'n tarfu ar gadwyn fwyd yr anifeiliaid sy'n hela'r rhywogaeth honno.

3 **Mae dadl 'traddodiad' yn un wan** – roedd caethwasiaeth yn draddodiadol hefyd, ond dydy hynny ddim yn golygu fod caethwasiaeth yn iawn.

4 **Gall helfeydd wneud mwy o niwed i gefn gwlad na'r anifeiliaid sy'n cael eu hela.** Gall y bobl, y cŵn, y ceffylau ac ati sy'n cymryd rhan mewn helfa achosi mwy o niwed amgylcheddol na'r anifail maen nhw'n ei hela. Beth am y llygredd a achosir gan rai sy'n gyrru i fan cyfarfod yr helfa, er enghraifft?

Pwnc seminar

A ydy hela yn weithgaredd dilys neu a ydy'n diraddio dynoliaeth?

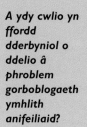

A ydy cwlio yn ffordd dderbyniol o ddelio â phroblem gorboblogaeth ymhlith anifeiliaid?

iv. Cwlio (*culling*)

Un dull o reoli niferoedd anifeiliaid yw trwy 'gwlio' neu ddifa anifeiliaid er mwyn lleihau eu nifer. Er enghraifft, ym mis Chwefror 2008, cyhoeddodd llywodraeth De Affrica ei bod yn mynd i ganiatáu lladdfa eliffantod am y tro cyntaf ers tair blynedd ar ddeg. Roedd pobl a oedd yn byw yn agos at yr eliffantod yn cwyno fod eliffantod yn beryglus, eu bod yn bwyta cnydau ac yn cystadlu gyda phobl am ddŵr.

Yng Nghymru, ym mis Ebrill 2008, cyhoeddodd Llywodraeth y Cynulliad y byddai'n moch daear yn cael eu difa mewn ardaloedd penodol mewn ymgais i ddileu TB mewn gwartheg. Y bwriad oedd gwneud hynny yn ne-orllewin Cymru neu un o'r siroedd sy'n ffinio â Lloegr lle roedd yr haint ar ei gwaethaf, er nad oedd manylion ar gael am ble yn union, y dull cwlio na hyd y broses. Mae ffermwyr wedi beio moch daear ers amser maith am ledaenu TB mewn gwartheg, ac maen nhw am weld eu difa ar raddfa eang, ond mae grwpiau anifeiliaid yn dadlau nad oes dim tystiolaeth i gefnogi hyn. Pe bai'r moch daear yn cael eu cwlio, dyma fyddai'r tro cyntaf ym Mhrydain i hyn gael ei wneud ar raddfa eang fel mesur i geisio rheoli TB.

Mae dadleuon o blaid cwlio yn cynnwys:

1. **Mae cwlio yn atal niwed posibl i anifeiliaid fferm neu haint** e.e cwlio moch daear er mwyn atal lledaeniad TB mewn gwartheg.

2. **Mae'n adfer 'cydbwysedd' lle mae rhywogaeth newydd mewn perygl o ddileu rhywogaeth frodorol.** Mae'n well ymyrryd ac atal 'detholiad naturiol' a fyddai'n dileu rhai rhywogaethau drwy leihau nifer y rhywogaeth 'ymosodol'.

3. **Mae cwlio yn atal colli ffynonellau bwyd i anifeiliaid eraill neu bobl.** Os ydy un rhywogaeth yn llyncu'r rhan fwyaf o'r adnoddau sydd eu hangen er mwyn i rywogaethau eraill neu bobl allu byw (e.e. dŵr), yna rhaid cwlio er mwyn atal hynny rhag digwydd.

4. **Mae cwlio yn cael gwared o anifeiliaid sy'n bygwth bywyd dynol.** Er enghraifft, un o'r rhesymau a roddwyd dros ladd eliffantod yn Ne Affrica oedd fod gyrroedd o eliffantod yn berygl i fywyd dynol.

Mae dadleuon yn erbyn cwlio yn cynnwys:

1 **Byddwn yn aml yn cwlio am resymau ariannol, sy'n gamddefnydd o'n harglwyddiaeth dros anifeiliaid.** Er enghraifft, bydd rhai gwledydd yn ennill miliynau o bunnau drwy werthu cig a chrwyn yr anifeiliaid a laddwyd.

2 **Does gyda ni ddim hawl ymyrryd â natur,** h.y., os ydy un rhywogaeth yn diflannu o'r tir, does gyda ni ddim hawl atal hynny.

3 **Yn aml, mae yna ffyrdd eraill o gyflawni'r bwriad,** e.e. defnyddio dyfeisiau sy'n gwneud sŵn i ddychryn morloi a'u hatal rhag niweidio rhwydi pysgotwyr.

4 **Mae'r dulliau a ddefnyddir yn aml yn rhai mileinig,** er enghraifft, bydd rhai morloi yn cael eu lladd â '*hakapik*', polyn pren pedair neu bum troedfedd o hyd â phigyn metel cam un pen iddo. Bydd y rhai sy'n cwlio yn bwrw'r cenau morlo ar ei ben.

5 **Dydy cwlio ddim yn effeithiol yn y tymor hir gan y bydd y rhywogaeth yn y man yn ailfeddiannu'r ardal.** Ymhen amser, bydd niferoedd y rhywogaeth yn dychwelyd i'w lefel wreiddiol.

v. Anifeiliaid fel anifeiliaid anwes neu adloniant

I filiynau o bobl, y berthynas agosaf sydd ganddyn nhw gydag anifail yw eu perthynas â'u hanifail anwes. Tra bod y rhan fwyaf o bobl yn defnyddio'u rheolaeth dros anifeiliaid mewn ffordd gyfrifol ac yn gofalu amdanyn nhw, yn anffodus, dydy rhai ddim yn gwneud hynny. Mae ffigurau'r RSPCA yn dangos y cafwyd bron 900 o bobl yn euog o greulondeb i'w hanifeiliaid anwes yn y DU yn 2006.

Mae dadleuon o blaid cadw anifeiliaid anwes yn cynnwys:

1 **Mae llawer o anifeiliaid yn cael gwell bywyd fel anifail anwes nag yn y gwyllt.** Maen nhw'n cael bwyd a dŵr bob dydd, lloches a chariad na fydden nhw'n eu cael yn y gwyllt.

2 **Gallwn ddysgu llawer am ymddygiad anifeiliaid drwy dreulio amser gyda'n hanifeiliaid anwes.** Os treuliwch chi lawer o amser gyda rhywogaeth gallwch ddysgu llawer am ymddygiad anifeiliaid.

3 **Gall cadw anifail anwes ddysgu i bobl ymddwyn yn gyfrifol at anifeiliaid eraill.** Drwy fod ag anifail anwes, efallai y byddwch yn dod i sylweddoli fod bod ag 'arglwyddiaeth' dros anifail hefyd yn golygu cyfrifoldeb i ofalu amdano.

A ydy cadw anifail anwes yn beth creulon?

4   Mae perthynas o'r fath yn galluogi pobl i fynegi emosiwn, cael cwmpeini a chyd-
fwynhad e.e. perchennog ci yn mynd â'r ci am dro.

Mae dadleuon yn erbyn cadw anifeiliaid anwes yn cynnwys:

1   **Does gyda ni ddim hawl cadw anifail mewn caethiwed er mwyn dysgu ganddo.**
Mae cadw anifail y tu allan i'w gynefin naturiol yn greulon ac yn gallu achosi gofid i'r
anifail.

2   **Byddwn yn aml yn blinio ar anifeiliaid anwes pan fyddan nhw'n costio arian i ni
neu'n mynd yn anffasiynol.** Yn 2005, cafodd 6,500 o anifeiliaid anwes eu gadael
gyda'r RSPCA; erbyn 2007 roedd y ffigwr yn 9,500.

3   **Dydy'r anifail ddim yn byw yn ei amgylchedd naturiol, felly mae'n byw mewn
ffordd 'ffals'.** Mae mynd ag anifail o'i amgylchedd naturiol yn rhwystro'i ddatblygiad
naturiol. A fydd parot mewn cawell yn datblygu fel y byddai wedi gwneud yn naturiol
yn y gwyllt?

4   **Os oes gan anifeiliaid hawliau, onid oes ganddyn nhw'r hawl i ryddid?** Os ydych
chi'n credu y dylai fod gan anifeiliaid rai hawliau, neu hyd yn oed hawliau cydradd â
bod dynol, yna does bosib nad un o'r hawliau sylfaenol yw rhyddid – yr hawl i
ddewis ble i fyw a beth i'w wneud.

vi. Anifeiliaid fel adloniant

Mae llawer o bobl wedi ymweld â sŵ neu syrcas rywbryd neu'i gilydd ac, wrth wneud
hynny, wedi defnyddio anifeiliaid fel math o adloniant. Mae pedair syrcas yn y DU ar hyn
o bryd sy'n defnyddio anifeiliad gwyllt yn eu sioeau. Mae'r defnydd yma yn achosi
gwahanol ymatebion. Mae llawer o bobl yn dadlau fod defnyddio anifeiliaid fel adloniant
yn dangos diffyg parch atyn nhw a diffyg tosturi, ag ystyried y ffordd mae rhai o'r
anifeiliaid yn cael eu hesgeuluso. Fodd bynnag, mae nifer o ddeddfau bellach sy'n diogelu
hawliau anifeiliaid o'r fath. Er enghraifft, o safbwynt anifeiliaid syrcas:

*'Mae Deddf Lles Anifeiliaid 2006 yn darparu ar gyfer anifeiliaid perfformio, er osgoi
dioddefaint a sicrhau eu lles, Mae'r ddeddf hon yn atal creulondeb dianghenraid neu
ddioddefaint i unrhyw anifail ag asgwrn cefn. Yn ychwanegol at hynny, mae'n sefydlu
"dyletswydd i ofalu" am unrhyw anifail sydd o dan reolaeth dyn, gan wneud perchnogion a
cheidwaid yn gyfrifol am ateb anghenion lles yr anifail sydd o dan eu gofal. Mae'r dyletswydd
hwn mewn grym yn achos anifeiliaid syrcas yr un fath â gydag anifeiliaid anwes, anifeiliaid
fferm ynghyd ag anifeiliaid domestig a rhai sy'n gwmpeini i bobl.*

Mae'r gofynion lles yn cynnwys yr angen am:
- *amgylchedd (lle i fyw) addas*
- *ymborth (bwyd) addas*
- *arddangos patrymau ymddygiad normal*
- *gael eu lletya naill ai gyda, neu ar wahân i, anifeiliaid eraill (fel y bo'r angen)*
- *gael eu hamddiffyn rhag poen, anaf, dioddefaint ac afiechyd.'*

(Gwybodaeth a addaswyd o wefan DEFRA, cyn-adran yr Amgylchedd, Bwyd a Materion Gwledig)

Rhaid i hyfforddwyr ac arddangoswyr anifeiliaid perfformio gofrestru gyda'r awdurdod
lleol. Mae gan yr heddlu a swyddogion yr awdurdod lleol, yn cynnwys milfeddyg, hawl i
fynediad i'r ganolfan. Os caiff creulondeb ac esgeusustod eu canfod, gall llys ynadon

wahardd neu gyfyngu ar hyfforddiant neu ymddangosiadau'r anifeiliaid a gohirio'r cofrestriad dros dro neu ei atal yn barhaol.

Ym mis Mawrth 2006, cyhoeddodd y llywodraeth Brydeinig hefyd ei bod yn y dyfodol yn bwriadu gwahardd y defnydd, mewn syrcasau teithiol, o rai rhywogaethau gwyllt nad yw hi'n bosibl ateb eu hanghenion lles yn foddhaol yn yr amgylchedd hwnnw.

Mae dadleuon o blaid defnyddio anifeiliaid mewn syrcas yn cynnwys:

1 **Mae syrcasau yn helpu i ddiogelu rhywogaethau sydd mewn perygl.** Gall syrcasau helpu i gynyddu nifer anifeiliaid fel teigrod ac eliffantod, a fydd yn eu helpu rhag diflannu o'r tir.

2 **Maen nhw'n gwneud pobl yn fwy ymwybodol o'r anifeiliaid.** Drwy weld harddwch anifail fel llew yn y cnawd, rydym yn debycach o gefnogi ymgyrchoedd er eu lles.

3 **Fel yr 'uwch' rywogaeth, gallwn ddefnyddio anifeiliaid fel y mynnom.** Os nad oes gan anifeiliaid statws moesol neu ddim ond statws moesol is na phobl, yna gallwn eu defnyddio fel y gwelwn ni'n dda, yn cynnwys er difyrrwch.

4 **Gall yr anifeiliaid fyw mewn amgylchedd 'diogel'.** Mae anifeiliaid sy'n cael eu cadw mewn syrcas yn byw mewn amgylchedd lle na all anifeiliaid eraill ymosod arnyn nhw. Maen nhw felly'n fwy diogel mewn syrcas nag yn byw yn wyllt.

Mae dadleuon yn erbyn defnyddio anifeiliaid mewn syrcas yn cynnwys:

1 **All anifeiliaid sydd wedi cael eu geni a'u magu mewn caethiwed ddim cael eu dychwelyd i'r gwyllt, gan na fydden nhw'n gallu goroesi.** Mae anifeiliaid sydd wedi eu geni a'u magu mewn caethiwed fel arfer yn colli'r greddfau naturiol sydd eu hangen i allu goroesi, e.e. ymateb i arwyddion perygl, hela am fwyd, ac ati.

2 **Does gyda ni ddim hawl mynd ag anifeiliaid o'u cynefin naturiol.** Drwy fynd ag anifail o'i gynefin naturiol, byddwn yn newid ei fwyd a'i broses ddysgu ac os ydych yn credu fod gan anifeiliaid statws moesol, pa hawl sydd gyda ni i wneud hynny?

3 **Mae anifeiliaid yn dal i gael eu cadw mewn amgylchedd 'tebyg i garchar'.** Mae anifeiliaid syrcas yn aml yn cael eu cadw mewn llociau cyfyng neu gaestys er mwyn cyfleustra, h.y., er mwyn gallu eu cludo o fan i fan yn haws, sydd yn greulon ac yn annheg â'r anifeiliaid.

4 **Mae pobl yn fwy tebygol o ystyried anifeiliaid yn rhywogaeth israddol os byddwn yn caniatáu iddyn nhw gael eu defnyddio fel adloniant.** Os bydd anifeiliaid yn cael eu defnyddio fel adloniant yn unig, mae pobl yn fwy tebygol o feddwl nad oes ganddyn nhw ddim (neu ychydig iawn) o werth moesol ac, o ganlyniad, o'u trin yn wael pan fyddan nhw mewn cysylltiad â nhw.

Mae dadleuon o blaid cadw anifeiliaid mewn sŵ yn cynnwys:

1 **Mae sŵau yn helpu i ddiogelu rhywogaethau sydd mewn perygl.** Maen nhw'n helpu i gynyddu niferoedd anifeiliaid fel y panda a'r elffant, a fydd yn helpu i'w cadw rhag diflannu o'r tir. Er enghraifft, ym mis Mawrth 2008, ymunodd sŵau yn Awstralia â sŵau eraill ym mhedwar ban y byd i ddatblygu strategaeth gadwraeth ar gyfer brogaod yn 'Mlwyddyn y Broga 2008'. Roedd hyn yn cynnwys diogelu a brido brogaod a oedd ar fin diflannu o'r tir.

2 Mae'r rhan fwyaf o anifeiliaid sŵ yn cael eu bridio mewn caethiwed, ac nid wedi eu cipio o'r gwyllt. Felly fyddai eu dychwelyd i'r gwyllt ddim yn 'naturiol' i'r anifeiliaid yma am na fyddai gyda nhw'r sgiliau i allu goroesi yn y gwyllt.

3 Mae rhai anifeiliaid a fagwyd mewn caethiwed yn cael eu gollwng yn rhydd i fyw yn y gwyllt. Mae hyn yn helpu i gynyddu nifer y rhywogaeth yn y gwyllt.

4 Mae sŵau yn cael gwared o amodau byw gwael ac yn cadw eu hanifeiliaid mewn llociau eang. Dydy hi ddim yn deg dweud nad ydyn nhw'n gofalu am eu hanifeiliaid.

5 Gallwn ddysgu am ymddygiad anifeiliaid. Drwy wylio un rhywogaeth yn ofalus, gallwch ddysgu llawer am ymddygiad anifeiliaid yn gyffredinol.

6 Mae sŵau yn helpu i addysgu pobl am gadwraeth. Gall pobl ddysgu pam mae llawer o'r anifeiliaid yma mewn perygl ac efallai y bydd hynny'n eu gwneud yn fwy parod i helpu i'w hachub.

Mae dadleuon yn erbyn cadw anifeiliaid mewn sŵau yn cynnwys:

1 Dim ond canran fach o'r anifeiliaid sy'n cael eu cadw mewn sŵau sydd mewn perygl. Felly dydy hawlio mai dyma pam mae sŵau'n bodoli hi ddim yn gywir.

2 Ddylai anifeiliaid ddim cael eu cadw mewn sŵau er mwyn ein difyrru ni. Os yw anifeiliaid yn haeddu rhywfaint o statws, neu'r un statws â phobl, does gyda ni ddim hawl eu cadw dan glo i'n difyrru ni; maen nhw'n haeddu cael eu trin gydag urddas.

3 Dydy sŵ ddim yn lle addas ar gyfer astudio ymddygiad anifeiliaid. Fydd anifeiliaid mewn sŵ ddim yn ymddwyn fel y byddai anifeiliaid yn y gwyllt, felly mae eu hastudio mewn sŵ yn rhoi gwybodaeth anghywir i ni.

4 Mae llociau cyfyng yn golygu fod llawer o'r anifeiliaid yn ddioddef. Dydy pob sŵ ddim yn rhoi'r lle na'r math o gynefin mae ar anifeiliaid eu hangen.

5 All anifeiliaid sydd wedi cael eu geni a'u magu mewn caethiwed ddim cael eu dychwelyd i'r gwyllt, gan na fydden nhw'n gallu goroesi. Mae anifeiliaid sydd wedi eu geni a'u magu mewn caethiwed fel arfer yn colli'r greddfau naturiol sydd eu hangen arnyn nhw i allu goroesi, e.e. ymateb i arwyddion perygl, hela am fwyd, ac ati.

6 Yn y byd modern, gall pobl gael eu haddysgu am anifeiliaid drwy gyfrwng sŵau 'rhithwir' ar-lein. Gallem storio'r wybodaeth sydd gennym eisoes am yr anifeiliaid yma ar wefannau y gall unrhyw un eu defnyddio, heb gadw anifeiliaid mewn caethiwed.

Amlinelliad o farn y crefyddau am hawliau anifeiliaid
Iddewiaeth
Dadleuon yn erbyn defnyddio anifeiliaid

1 Daw barn Iddewon am driniaeth anifeiliaid o stori'r creu yn Genesis, lle mae Duw yn rhoi i fodau dynol reolaeth ar anifeiliaid a chyfrifoldeb amdanyn nhw

2 Mae darnau fel Deuteronomium 25: 4, '*Nid wyt i roi genfa am safn ych tra byddi'n dyrnu*' yn awgrymu gofal am les anifeiliaid.

3 '*A pha enw bynnag a roes y dyn [Adda] ar unrhyw greadur, dyna fu ei enw*' (Genesis 2: 19). Yn ôl dysgeidiaeth y Kabbala (cyfriniaeth Iddewig), wrth i Adda enwi holl greaduriaid Duw, helpodd i ddiffinio eu hanfod. Tyngodd Adda i fyw yn gytûn gyda'r rheini roedd wedi eu henwi. Felly, ar y cychwyn cyntaf, derbyniodd dyn y cyfrifoldeb

ger bron Duw am yr holl greadigaeth. (Y Datganiad Iddewig ar Natur).

4   Mae hela a lladd anifeiliaid fel difyrrwch wedi eu gwahardd gan fod hynny'n groes i'r defodau Shechitah ar gyfer bwyd kosher.

Dadleuon o blaid defnyddio anifeiliaid

Gall anifeiliaid gael eu lladd am fwyd. Rhaid i unrhyw anifeiliaid sy'n cael eu lladd am fwyd gael eu lladd yn gyflym, yn ddi-boen, yn fwriadol, ac yn unigol yn unol â'r ddefod Shechitah ar gyfer bwyd kosher. Caiff gwddf yr anifail ei hollti â chyllell finiog iawn ar draws y brif wythïen sy'n achosi i'r anifail golli ymwybyddiaeth ar unwaith.

Cristnogaeth

Dadleuon yn erbyn defnyddio anifeiliaid

1   Yn yr oes fodern, mae Cristnogion yn tueddu i bwysleisio nad damwain mo'r byd, a bod pwrpas i bopeth a roddwyd iddo gan Dduw. Mae'r pwrpas hwn yn cynnwys gofalu am y byd y maen nhw'n credu fod Duw wedi ei greu ar eu cyfer. Yn Genesis 1: 28, cafodd bodau dynol arglwyddiaeth dros yr anifeiliaid, a chyfrifoldeb am eu lles.

2   Mae'r Parch Andrew Linzey, diwinydd anglicanaidd a chyfarwyddwr Canolfan Moeseg Anifeiliaid Rhydychen, yn cefnogi'r farn yma. Mewn erthygl yn llyfr Tom Regan, *Animal Sacrifices: Religious Perspectives on the Use of Animals in Science*, meddai:

    'Nid yw athrawiaeth y creu yn caniatau i ni wneud defnydd rhydd a dilyffethair o fyd yr anifeiliaid i ddibenion dynol . . . Dylem atgoffa ein hunain, mewn termau diwinyddol, fod i ddefnydd dyn o anifeiliaid natur ymddiriedol; rydym yn atebol i Dduw. Dydy anifeiliaid ddim yn eiddo i ni.'

3   Er nad oes unrhyw dystiolaeth yn yr efengylau fod Iesu yn llysieuwr, mae rhai Cristnogion wedi hawlio fod stori'r creu yn awgrymu y dylen nhw fod yn llysieuwyr, neu'n figaniaid hyd yn oed, mewn ymateb i ddulliau ffermio ffatri modern.

4   Mae nifer o Gristnogion wedi ymgyrchu dros hawliau anifeiliaid: roedd Sant Ffransis o Assisi, er enghraifft, yn enwog am ei gariad tuag at anifeiliaid. Ef yw nawddsant anifeiliaid, adar a'r amgylchedd, ac mae'n arfer gan eglwysi Pabyddol i gynnal seremonïau sy'n anrhydeddu anifeiliaid adeg ei ddydd gŵyl yn mis Hydref.

5   Mae darnau eraill yn awgrymu fod Duw yn parchu bywyd anifeiliaid *'Oni werthir pump aderyn y to am ddwy geiniog? Eto nid yw un ohonynt yn anghof gan Dduw'* (Luc 16:6)

6   Dadleuai Albert Schweitzer (1875-1965) yn ei lyfr *Gwareiddiad a Moeseg* fod pob bywyd yn gysegredig (neu'n sanctaidd), yn cynnwys anifeiliaid. Dadleuai fod bodau dynol, anifeiliaid a phlanhigion wedi cael eu creu gan Dduw, a bod niweidio neu ladd unrhyw beth byw yn fwriadol yn ergyd yn erbyn creadigaeth Duw.

Dadleuon o blaid defnyddio anifeiliaid

1   Yn wreiddiol, roedd gan Gristnogaeth agwedd braidd yn negyddol tuag at hawliau anifeiliaid. Dadleuai Sant Awstin, er enghraifft, fod anifeiliaid yn bodoli er lles pobl. Gan nad ydy anifeiliaid yn gallu ymresymu, maen nhw dan reolaeth bodau dynol, sy'n gallu gwneud hynny.

2   Dadleuai Thomas Aquinas (1224-1274) fod anifeiliaid yn bodoli er mwyn i bobl eu defnyddio fel y gwelan nhw'n dda. Yn ei lyfr *Summa Contra Gentiles* (c.1260), dywedodd mai'r unig reswm fod trin anifeiliaid yn greulon yn beth drwg yw am fod hynny fel arfer yn ein harwain i drin bodau dynol eraill yn wael hefyd.

3   Ymatebodd Karl Barth (1886-1968) i ddadl Schweitzer drwy ddweud, gan fod Duw wedi troi'n ddyn yn ffurf ddynol Iesu, mai bodau dynol yw'r rhywogaeth uchaf. Oherwydd hynny, all anifeiliaid ddim bod yn gydradd â bodau dynol.

Islam

Dadleuon yn erbyn defnyddio anifeiliaid

1   Mae Mwslimiaid yn credu fod anifeiliaid wedi eu creu gan Dduw ac felly mae'n bwysig gofalu amdanyn nhw. Dylid eu trin â charedigrwydd a thosturi:

'Mae'r hwn sy'n garedig wrth greaduriaid Duw yn garedig wrtho ef ei hun.' (Hadith)

'Gwnaeth Allah chi'n geidwaid ac etifeddion y ddaear.' (Qur'an Surah 6: 165)

2   Mae tri syniad sy'n ganolog i driniaeth Mwslimiaid o anifeiliaid: *Tawhid* (cawsom oll ein creu gan Dduw); *Khalifa* (ni yw ceidwaid creadigaeth Duw); ac *Akra* (byddwn yn atebol i Dduw ar Ddydd y Farn am ein triniaeth o anifeiliaid).

3   Dydy Mwslimiaid ddim yn caniatáu lladd anifeiliaid am ddifyrrwch neu er mwyn ffasiwn nac yn cytuno â chadw anifeiliaid mewn sŵ neu syrcas. Mae'r Qur'an yn dysgu fod Allah yn disgwyl i fodau dynol drin anifeiliaid gyda thosturi: *'Does yna'r un anifail sy'n byw ar y ddaear neu unrhyw fod sy'n hedfan nad yw'n rhan o gymuned fel chi.'* (Surah 6 : 38)

4   Adroddodd Muhammad lawer o straeon sy'n dangos ei ofal am anifeiliaid. Dywedodd un tro *'Bydd unrhyw un sy'n lladd hyd yn oed aderyn y to neu rywbeth llai heb reswm cyfiawn yn atebol i Allah.'* Pan ofynnodd rhywun iddo beth fyddai'n rheswm cyfiawn, dywedodd *'ei ladd am fwyd'*. (Adroddwyd gan Ahmad ac Al-Nassa'i, Yr Ymddiriedolaeth Addysg Fwslimaidd). Felly, fyddai lladd anifail am unrhyw reswm arall ddim yn iawn.

5   Dywedodd Muhammad na ddylai anifeiliaid gael eu lladd heb achos cyfiawn. Caiff anifeiliaid eu haberthu mewn gwyliau Mwslimaidd fel Id al Adha ac mae bwydydd gŵyl yn cynnwys cig. Dylai unrhyw anifail sy'n cael ei ladd am fwyd gael ei ladd yn unol â'r dull *Halal* (sy'n cael ei ganiatáu) – yn garedig ac yn gyflym. Os yw hi'n bosibl, dylai'r anifail fod yn dawel, ac yna caiff ei wddf ei dorri â chyllell finiog iawn ar draws y brif wythïen fel ei fod yn colli ymwybyddiaeth ar unwaith. Bydd gweddïau'n cael eu hadrodd ar yr un pryd.

Dadleuon o blaid defnyddio anifeiliaid

1   Dywedodd hyd yn oed Muhammad y gellid lladd anifeiliaid am achos cyfiawn, fel cael bwyd (gweler uchod).

2   Mae anifeiliaid yn cael eu haberthu mewn gwyliau Mwslimaidd fel Id al Adha ac mae bwydydd gŵyl yn cynnwys cig.

3   Caiff unrhyw anifail sy'n cael ei ladd am fwyd ei ladd yn unol â'r dull Halal (sy'n cael ei ganiatáu) – yn garedig ac yn gyflym. Os yw hi'n bosibl, dylai'r anifail fod yn dawel, ac yna caiff ei wddf ei dorri â chyllell finiog iawn ar draws y brif wythïen fel ei fod yn colli ymwybyddiaeth ar unwaith. Bydd gweddïau'n cael eu hadrodd ar yr un pryd.

4   Mae Mwslimiaid yn caniatáu arbrofi yn feddygol ar anifeiliaid os nad oes unrhyw ddulliau eraill ar gael. Mae hyn yn awgrymu eu bod yn ystyried bywyd anifail yn llai o werth nag un dynol.

Sikhiaeth

Dadleuon yn erbyn defnyddio anifeiliaid

1 Mae Sikhiaid yn poeni am anifeiliaid ac yn eu parchu am eu bod wedi eu creu gan Dduw. Mae Sikhiaid yn credu fod achosi dioddefaint bwriadol i eraill yn beth drwg:

> *'Duw yw'r dinistriwr*
> *y ceidwad a'r creawdwr*
> *Duw yw'r Dduwies hefyd.*
> *Mae'n anodd canfod geiriau i ddisgrifio*
> *Byddwn yn mentro pe gwyddwn.'*
> *Dyma yn unig a ddysgodd fy athro,*
> *Dim ond un Arglwydd yr holl greadigaeth sydd*
> *Nac anghofiwch ef.* (Japji 5)

2 Mae rhai Sikhiaid yn llysieuwyr am eu bod yn credu fod yr 'un ysbryd' (Duw) yn byw ym mhob creadur. Mater i gydwybod yr unigolyn yw bod yn llysieuydd ai peidio.

3 Mae'r bwyd a roddir yn y Langar bob amser yn llysieuol fel y gall unrhyw un ei dderbyn. Yn ôl Guru Nanak, *'Mae pob bwyd yn bur; oherwydd Duw a'i darparodd i'n cynnal'* (Guru Granth Sahib: 472).

Dadleuon o blaid defnyddio anifeiliaid

Mae tystiolaeth o hela yn hanes Sikhiaeth – byddai Guru Gobind Singh yn hela. Ond, yn gyffredinol, mae Sikhiaid yn credu fod achosi dioddefaint bwriadol i eraill yn beth drwg.

Hindŵaeth

Dadleuon yn erbyn defnyddio anifeiliaid

1 Mae Hindwiaid yn credu fod yr holl greadigaeth yn gyd-ddibynnol ac maen nhw'n credu mewn *Ahimsa* (di-dreisedd).

2 Mae Deddfau Manu hefyd yn dweud y dylai anifeiliaid gael eu hamddiffyn. Mae Hindwiaid yn credu y cafodd pob bywyd ei greu gan Dduw, felly gallant fynegi eu cariad at Dduw drwy eu cariad at fodau byw.

> *'Mae'r hwn nad yw'n casáu'r un creadur, sy'n gyfeillgar ac yn dosturiol wrth bawb . . .*
> *y mae ef, fy addolwr, yn annwyl i mi.'* (Bhagavad Gita 12: 3-14

3 Mae Hindwiaid yn credu fod Brahman (Duw) ym mhobman ac ym mhob peth. Mae llawer o'r duwiau Hindŵaidd yn ymddangos fel anifeiliaid, e.e. Hanuman, Ganesh.

4 Mae'r fuwch yn sanctaidd i Hindwiaid ac mae'n rhan fwyaf o Hindwiaid yn gwrthod bwyta cig eidion neu gynnyrch eidion. Mae'r fuwch yn symbol o'r gofal arbennig sy'n bodoli rhwng bodau dynol ac anifeiliaid. Meddai Mahatma Gandhi

> *'Ar ei ystyr fwy aruchel neu ysbrydol, mae'r term 'amddiffyn y fuwch' yn golygu amddiffyn pob creadur byw.'*

5 Mae llawer o Hindwiaid yn llysieuwyr ond dewis personol yw hynny.

6 Mae pob anifail ynghlwm wrth *samsara* (ailenedigaeth) felly mae parch i bob anifail.

> *'Pan wêl dyn mai'i Duw ynddo ef ei hun yw'r un Duw sydd yn mhob peth, mae'n ei frifo ei hun drwy frifo eraill. Yna mae'n mynd, yn wir, i'r llwybr Uwch.'*

Bhagavad Gita 13: 28-29.

Dadleuon o blaid defnyddio anifeiliaid

1   Mae hen destunau Vedig, fel y Rig Veda, yn cyfeirio at aberthu anifeiliaid i dduwiau a duwiesau. Mewn cyfeiriad at aberthu gafr, mae'n dweud (1.162.2)

'Mae'r afr fraith yn mynd yn syth i'r nefoedd, yn brefu, i'r lle sy'n annwyl i Indra ac i Pusan.'

2   Mae'r Yajur Veda yn cynnwys llawer mwy o gyfeiriadau clir at aberthu anifeiliaid, yn bennaf ynghlwm â defod y lleuad lawn, yr aberth Soma. Mae rhan gyfan o'r Yajur Veda yn ymdrin â gwahanol fath o aberthau.

3   Mae'r athronydd o India Basant I. Lal yn dweud mai prif nod pob Hindŵ yw cyrraedd *moksha*, gan berfformio defodau crefyddol a fydd yn ei helpu i gyflawni'r nod honno:

'. . . nid mater o ladd anifail yw aberthu anifail. Dydy'r anifail sydd i'w aberthu ddim yn cael ei ystyried yn anifail: yn hytrach, mae'n symbol o bwerau'r ddefod aberthol . . . Nid y gwrthrych sydd i gael ei aberthu sy'n bwysig mewn defod aberthu, ond dilyn y rheolau cymhleth a chadw'r defodau traddodiadol yn ufudd.'

Felly dydy'r ffaith fod anifeiliaid yn cael eu haberthu ddim yn bwysig mewn Hindŵaeth; mae'r defodau aberthu yn bwysicach, am eu bod yn helpu Hindŵ i gyrraedd *moksha*.

Bwdhaeth

Dadleuon yn erbyn defnyddio anifeiliaid

1   Mae cydberthynas pob peth byw yn gredo sylfaenol mewn Bwdhaeth – mae pob peth yn dibynnu ar bopeth arall. Mae gofal am anifeiliaid yn bwysig, felly, a bydd yn gwella bywyd. Er enghraifft, yn ystod gŵyl Wesak mewn gwledydd fel Gwlad Thai, bydd Bwdhyddion yn prynu adar mewn caets a physgod er mwyn eu gollwng yn rhydd.

2   Dangosodd y Bwdha dosturi at anifeiliad eraill yn ei fywyd, e.e. fe achubodd alarch wedi ei chlwyfo rhag ei gefnder. Mae Bwdhaeth, fell Hindŵaeth, yn dysgu *Ahimsa*.

3   Yn oes y Bwdha, doedd neb wedi ei wahardd rhag bwyta cig, ond châi aelodau'r sangha ddim lladd anifeiliaid am fwyd neu fel difyrrwch, nac i'w ffermio.

4   Mae rhai Bwdhyddion yn llysieuwyr llwyr ond, yn gyffredinol, does gan Fwdhyddion ddim agwedd gaeth tuag at lysieuaeth; mae'n well ganddyn nhw adael y mater i gydwybod yr unigolyn, ynghyd â'r arweiniad a geir mewn dysgeidiaeth fel yr argymhellion, e.e. 'Rwyf yn addo ymatal rhag lladd bodau byw'.

5   Mae athrawiaeth karma yn dysgu y bydd yn rhaid talu am unrhyw ymddygiad gwael yn y bywyd nesaf, felly dylid osgoi gweithredoedd creulon tuag at anifeiliaid.

Dadleuon o blaid defnyddio anifeiliaid

Yn oes y Bwdha, roedd aelodau'r sangha yn cael bwyta cig a oedd wedi cael ei roi iddyn nhw gan deuluoedd.

Tasg

Tasg sgrifennu	a) Eglurwch y gwahanol agweddau yn un o grefyddau mawr y byd tuag at gwestiwn hawliau anifeiliaid. b) 'Mae anifeiliaid yn haeddu'r un statws moesol â rhywogaethau eraill fel bodau dynol'. Aseswch y farn yma.

Geirfa

ahimsa	Y gred Hindŵaidd/Fwdhaidd mewn ymddygiad di-drais
akra	Cred Mwslimiaid y byddwn yn atebol ar Ddydd y Farn am ein triniaeth o anifeiliaid
arglwyddiaeth	Pŵer dros rywun neu rywbeth
cwlio	Difa anifeiliaid fel ffordd o reoli eu nifer
figan	Rhywun sy'n gwrthod bwyta, yfed neu ddefnyddio unrhyw gynnyrch anifeiliaid, fel cig neu ledr
ffermio ffatri	Ffermio fel masgynhyrchu, i wneud cymaint o elw ag sy'n bosibl
gwerth cyfryngol	Dim ond o werth am ei fod yn ddefnyddiol i fodau dynol
gwerth cynhenid	Yn werthfawr ynddo'i hun, yn haeddu statws moesol
halal	Yr unig ffordd y caiff Mwslim ladd anifail, drwy dorri ei wddf â llafn llym gan wneud iddo golli ymwybyddiaeth a marw mor ddi-boen ag sy'n bosibl
khalifa	Term Islamaidd yn golygu fod bodau dynol yn geidwaid creadigaeth Duw
llysieuydd	Person sy'n credu am resymau crefyddol neu eraill nad ydy hi'n foesol lladd anifeiliaid am fwyd, ac nad yw'n bwyta cig
rhywogaetholdeb	Y gred sydd gan rai ei bod hi'n annheg trin un rhywogaeth fel pe bai'n well nag un arall, e.e. fod bodau dynol yn uwchraddol i anifeiliaid
stiwardiaeth	Cyfrifoldeb a roddwyd gan Dduw i reoli a gofalu am y ddaear
shechitah	Yr unig ffordd y caniateir i Iddew ladd anifail, drwy dorri ei wddf â llafn llym gan wneud iddo golli ymwybyddiaeth a marw mor ddi-boen ag sy'n bosibl
tawhid	Term Mwslimaidd sy'n golygu fod pob creadur wedi ei greu gan Dduw

Nod yr adran

Mae'r adran hon yn gofyn i chi ystyried ffyrdd mae crefydd yn cael ei phortreadu drwy gyfrwng y teledu, yn enwedig mewn operâu sebon, The Simpsons, a rhaglenni penodol grefyddol.

Mae hyn yn golygu y bydd yn rhaid i chi ystyried y materion allweddol a ganlyn:

❱ sut mae themâu crefyddol a moesol yn cael eu harchwilio mewn operâu sebon;

❱ sut mae The Simpsons yn portreadu cred ac arfer crefyddol;

❱ beth ydy pwrpas darlledu penodol grefyddol;

❱ sut y bwriedir i'r portread o grefydd yn y meysydd yma effeithio ar y gynulleidfa darged;

❱ pa mor effeithiol y mae'r gwahanol feysydd yma'n portreadu syniadau crefyddol.

Crefydd a'r Teledu

Themâu Crefyddol mewn Operâu Sebon

Nod

Ar ôl astudio'r bennod yma dylech fod yn gallu deall sut mae themâu crefyddol a moesol yn cael eu harchwilio mewn operâu sebon. Dylech hefyd allu gwerthuso pa mor effeithiol ydy'r operâu sebon o ran cyflwyno credoau ac arferion yn ymwneud â chrefydd.

Mae'r opera sebon yn rhan bwysig o'r diwydiant adloniant. Mae mwy o bobl yn gwylio operâu sebon nag unrhyw fath arall o adloniant ac mae'r ffigurau gwylio ar gyfer rhai operâu sebon Prydeinig poblogaidd yn llawer mwy na'r nifer sy'n mynd i addoldy bob wythnos. Maen nhw'n rhan arwyddocaol (os nad pwysig!) iawn o fywyd bob-dydd yn y DU. Mae eu dylanwad arnom fel cymdeithas yn anferth hefyd. Bydd stori gyfredol rhyw sebon neu'i gilydd yn aml yn destun trafod ymhlith gwahanol grwpiau o bobl – o blant ifanc i hen bobl – ac mae gan bob un ei safbwynt. Efallai mai'r gallu yma i gynnwys pawb sy'n gwneud operâu sebon yn gyfrwng adloniant mor llwyddiannus. Maen nhw'n tueddu i adlewyrchu ein profiadau bob dydd – o ailadrodd arferion dyddiol fel prydau bwyd a mynd i'r gwaith, i'r sgandals mwy eithafol gyda rhyw, cyffuriau a llofruddiaeth.

Pwnc seminar

All operâu sebon ddim dysgu dim byd defnyddiol i ni am grefydd neu fywyd.

Mae'r teledu'n rhan bwysig o fywydau llawer o bobl

Mae Daniel Chandler yn rhoi cyflwyniad defnyddiol iawn i'r syniad o opera sebon yn ei erthygl, 'The TV Soap Opera Genre and its Viewers' (1994):

'Dablygodd genre yr opera sebon yng nghyfresi radio America'r 1930au, a daw'r enw o'r ffaith fod rhai o'r rhaglenni hyn wedi eu noddi gan y cwmnïau powdr sebon mawr. Felly, fel llawer o genres teledu (e.e. newyddion a sioeau cwis), mae'r opera sebon yn genre sy'n deillio'n wreiddiol o'r radio yn hytrach na ffilm.

Cyfresi sy'n rhedeg dros gyfnod maith ac sy'n ymwneud â bywyd bob dydd yw operâu sebon ar y teledu. Mae'r math yma o gyfres yn wahanol i ddrama-gyfres, lle mae'r prif gymeriadau a'r fformat yr un fath o raglen i raglen, ond lle mae plot cyflawn i bob pennod. Fel arfer, bydd o leiaf un llinell storïol yn cario mlaen o bennod i bennod. Mae gan ddrama gyfres nifer benodol o benodau, ond gall cyfres sebon gario ymlaen yn ddiddiwedd, i bob diben.'

Mae'r diffiniad yma yn dangos sut y gallwn wahaniaethu rhwng opera sebon ag unrhyw fath arall o raglen sy'n cael ei darlledu ar ein rhwydwaith teledu. Mae'n ddefnyddiol i'n hatal rhwng drysu rhwng operâu sebon a rhaglenni eraill sydd â chymeriadau cyfarwydd ac sy'n cael eu dangos ar sail gyson (e.e. cyfres fel *The Vicar of Dibley*).

Pwnc seminar

A ddylid dysgu i bobl am grefydd drwy gyfrwng opera sebon?

Ceir golwg arall ddefnyddiol ar operâu sebon – a pham mae ganddyn nhw apêl mor eang – o erthygl gan Merris Griffiths, 'Why are soap operas so popular?' (1995):

'Mae adeiladwaith sylfaenol operâu sebon yn apelio'n fawr at y gwyliwr hefyd. Pe baen ni'n ystyried . . . y rhai Prydeinig amlycaf . . . mae'n amlwg eu bod yn canolbwyntio ar gyd-berthynas grŵp o gymeriadau mewn cefndir nodweddiadol ddosbarth-gweithiol. Yn wir, mae llinellau storïol opera sebon wedi eu seilio'n bennaf ar y problemau a geir o fewn perthynas gyda rhywun neu fywyd teuluol; mae'r cynnwys yn cael ei ddynoli yn y bon. Mae'n creu naws bob-dydd, gan nad yw ffordd y cymeriadau o fyw mor wahanol â hynny i'n bywydau ninnau.'

Pwnc seminar

Os ydy operâu sebon yn dysgu nad oes yna'r fath beth â gwirionedd gwrthrychol, a ydy hynny'n tanseilio'r syniad o awdurdod crefyddol?

Dydy rôl crefydd mewn sebon ddim yn cael ei bwysleisio'n fawr iawn – ac efallai fod hynny'n fwriadol. Mae gwneuthurwyr rhaglenni yn poeni ynglŷn â thramgwyddo pobl grefyddol, naill ai drwy roi darlun camarweiniol o ffydd arbennig, neu drwy beidio â rhoi sylw iddi tra'n rhoi sylw i rai eraill. Ond mae yna themâu hollgyffredinol a geir ym mhob crefydd, ac mae sebon yn defnyddio'r rhain fel cefndir moesol ac ysbrydol i straeon eu cymeriadau: pethau fel cariad, perthynas, cyfeillgarwch, maddeuant, ymrwymiad, cymodi, ffyddlondeb, teulu, cymuned, awdurdod, cyfrifoldeb, marwolaeth, a llawer o rai eraill. Eich gallu chi i gysylltu'r syniadau cyffredinol yma â dysgeidiaeth grefyddol benodol fydd yn eich helpu gyda'r gwaith yma.

Tasg

Tasg sgrifennu

Mewn parau neu grwpiau bach, dewiswch bump o'r themâu yn y paragraff uchod.

Gan gyfeirio at opera sebon rydych chi wedi ei gweld, nodwch lle cafodd y themâu yma eu defnyddio a sut roedden nhw'n cael eu portreadu (h.y. yn bositif neu'n negyddol).

Gorolwg cyd-destunol

Dyma rai o'r prif operâu sebon ar y teledu. Bydd gosod y sebon yn ei chyd-destun yn caniatáu i ni ddehongli'n fwy cywir y digwyddiadau sy'n cael eu dangos yn y rhaglen ei hun. Fe ddechreuwn gydag enghraifft o Gymru:

1 Pobol y Cwm

Darlledwyd *Pobol y Cwm* gyntaf ym mis Hydref 1974. Dyma'r opera sebon hynaf yn y Deyrnas Unedig ar ôl *Coronation Street*. Cefndir gwledig sydd i'r gyfres, gyda thafarn y Deri yn ganolbwynt i weithgareddau pentref Cwmderi. O gwmpas y dafarn ceir caffi, siop, salon trin gwallt a thai prif gymeriadau'r gyfres.

Canolbwynt y storïo yw'r berthynas rhwng teuluoedd y pentef a'r gwrthdaro rhyngddyn nhw. Mae'r gyfres yn portreadu amrywiaeth o haenau cymdeithasol, a'r cyffro sy'n codi pan gaiff y cyfan ei luchio i mewn i'r pair pentrefol. Drwy wneud hyn, mae'r rhaglen yn gallu ffocysu ar bynciau cymdeithasol cyfredol a dangos datblygiad ac ymateb y cymeriadau i wahanol sefyllfaoedd. Penref Cymraeg ei iaith yng ngorllewin Cymru yw Cwmderi ac mae'r rhaglen yn ceisio adlewyrchu'r Gymru gyfoes.

Enghraifft bendant o'r Gymru gyfoes yw dirywiad y capeli a'r eglwysi. Roedd gweinidog y pentref yn un o brif gymeriadau *Pobol y Cwm* tan y flwyddyn 2007. Ers hynny, fu 'na ddim gweinidog yn y pentref. Ond wedi dweud hynny, mae'r cefndir anghydffurfiol Cymreig yn gweu drwy wythiennau llawer o gymeriadau'r gyfres. Anti Marian yw cynrychiolydd 'moesol' y gyfres, a hithau'n ddiacon yng nghapel Bethania. Drwy Anti Marian yn aml mae safbwyntiau (a rhagfarnau) Cristnogol yn cael eu cyfleu, yn ddigon tebyg i ran Dot Cotton yn *EastEnders*. Mae'r ddwy yn gymeriadau annwyl sy'n dod â hiwmor a difrifoldeb i fewn i wahanol sefyllfaoedd.

Yn y blynyddoedd diwethaf, bu nifer o ddigwyddiadau yn ymwneud a chrefydd. Mae Sabrina, menyw fusnes yn y pentref, yn mynd yn alcoholig ond yn cael troedigaeth a phenderfynu newid ei bywyd a mynd i'r weinidogaeth. A gwelsom Owen, gweinidog olaf y pentref, yn troi'n lofrudd, gyda chyfle i ddangos ymateb syfrdanol ddramatig y pentref i hynny.

Mae pob un o'r cymeriadau yn wynebu penderfyniadau moesol dirdynnol ar adegau: wynebu erthyliad, ymateb i drais, ystyried hunanladdiad, ac yn y blaen. Mae hyn oll yn cael ei adlewyrchu ym mywydau bob dydd y cymeriadau. Yr un yw'r elfennau storïol ag yn yr operâu sebon Seisnig, ond mae'r cefndir anghydffurfiol a'r diwylliant Cymraeg yn ychwanegu haenen arall at *Bobol y Cwm*.

2 Coronation Street

Mae *Coronation Street*, y sebon hynaf ar deledu Prydain, wedi cael ei ddarlledu ers mis Rhagfyr 1960 ac mae'n dal i fod yn un o'r rhaglenni mwyaf poblogaidd ar deledu daearol yn y DU. Mae wedi ei leoli yn nhre ddychmygol Weatherfield ger Manceinion. Mae'r stryd ei hun yn cynnwys tai teras un ochr iddi – gyda'r dafarn, 'The Rover's Return' (canolbwynt llawer o'r cymdeithasu yn y sebon, fel y 'Queen Vic' yn *Eastenders* a'r Deri yn *Pobol y Cwm*) un pen i'r stryd, a siop y gornel y pen arall.

Ar ochr arall y stryd mae garej, ffatri, llond dwrn o dai a dwy siop arall. Mae'r nodweddion yma'n rhoi sawl cyd-destun gwahanol i'r trigolion (sydd oll, yn y naill ffordd neu'r llall, yn gysylltiedig â'r eiddo diwydiannol yn ogystal â'r tai). Yn y blynyddoedd diwethaf mae'r rhaglen wedi ymestyn ei ffiniau i gynnwys teuluoedd sy'n byw mewn strydoedd eraill cyfagos.

Prif ffocws y sioe yw'r berthynas rhwng yr holl unigolion yma – o fewn eu teuluoedd ac y tu allan iddyn nhw. Mae'r sioe hefyd yn ymdrechu'n ymwybodol i gynnwys amrywiaeth o ddosbarthiadau cymdeithasol ac oedrannau yn ei straeon.

Er gwaethaf hyn, mae'n aml wedi cael ei beirniadu am ddiffyg pobl grefyddol ymhlith y cymeriadau. Mae cyfeiriadau weithiau at bobl sy'n perthyn i ffydd neilltuol (e.e. Dev ac Amber, sy'n Hindwiaid) ond go brin fod y rhain yn amlwg neu'n cael eu datblygu. Mae

Emily Bishop yn aml yn ymwneud â gweithgareddau yr eglwys leol (Eglwys Loegr), a dyweddïodd â'r ficer, Bernard, am gyfnod byr ym 1994. Mae ei chymeriad yn adnabyddus am ei hegwyddorion moesol a'i synnwyr o 'gyfiawnder' ond dydy ei chymeriad crefyddol ddim yn cael ei archwilio yn y stori.

Tra bod crefyddoldeb ei hun yn cael ei anwybyddu gan mwyaf yn y sebon, mae defodau cerrig milltir bywyd yn ddigon cyffredin. Bu llawer o briodasau yn hanes *Coronation Street* ac mae'n ymffrostio yn y ffaith i fwy na 24 miliwn o bobl yn y DU wylio priodas Ken Barlow a Deirdre Langton ym 1981, mwy na'r nifer a wyliodd briodas Tywysog Cymru a'r Fonesig Diana Spencer ddeuddydd yn ddiweddarach.

Mae'r sebon yn gwneud yn iawn am ei diffygion o ran portreadu cred grefyddol y cymeriadau yn y maes moesol. Yn ei hanes maith, mae'r holl gymeriadau bron wedi gorfod wynebu argyfwng moesol o ryw fath. Gan mai drama yw hon, nid rhaglen ddogfen, mae'r sefyllfaoedd moesol hyn wedi tueddu i fod yn rhai eithafol, yn cynnwys straeon am lofruddiaeth, trais yn y cartref, merched yn eu harddegau yn cael babanod, traws-rywioldeb a godineb.

Mae llawer o'r rhain yn gyffredin i operâu sebon: y ffordd y bydd y cymeriadau'n ymateb iddyn nhw sy'n rhoi hunaniaeth arbennig i sioe. Yn *Coronation Street*, mae'r straeon yn aml yn cyfuno materion difrifol iawn gyda chymeriadau a digwyddiadau ysgafn a doniol – ac yn aml mae hynny'n ollyngdod wedi'r problemau anodd mae'n ymdrin â nhw. Mae hynny'n caniatáu i'r sioe ddatblygu straeon dwys heb ddenu'r un math o feirniadaeth ag y mae sioeau fel *EastEnders* yn ei hwynebu'n aml, sef eu bod yn digaloni pobl.

3 EastEnders

Cafodd *EastEnders* ei ddarlledu am y tro cyntaf gan BBC1 ym mis Chwefror 1985. Bwrdeistref ddychmygol Walford yn Llundain yw'r lleoliad ac, yn benodol, Albert Square – sgwâr Fictoraidd sydd â thai a fflatiau, nifer o fusnesau bach, tafarn (y 'Queen Vic') a marchnad stryd. Fel *Coronation Street*, mae'r straeon yn canolbwyntio ar drigolion y lle penodol yma, ond mae wedi ehangu yn y blynyddoedd diwethaf i geisio dod â mwy o realaeth i'r sioe, a'r realaeth yma, gellid dadlau, yw'r nodwedd sy'n diffinio *EastEnders*.

Marchnad Walford,
Eastenders

Roedd straeon y sioe wedi eu seilio'n wreiddiol ar nifer o deuluoedd allweddol, er y byddai efallai'n fwy cywir eu disgrifio fel llwythau gan fod gan y teuluoedd yma nifer fawr iawn o aelodau estynedig a fyddai'n ymuno â'r cast drwy gydol hanes y sioe. Mae hyn wedi caniatáu i'r sebon archwilio pwysigrwydd y teulu a'r cwestiynau moesol sy'n codi o hynny.

O'r cychwyn cyntaf, bu gan EastEnders gymeriadau sydd yn amlwg yn grefyddol – yr enwocaf o'r rhain yw Dot Cotton (Cristion) – er bod y portreadau hyn wedi cael eu beirniadu'n hallt. Cyhuddodd golygydd y *Sikh Messenger*, Dr. Indarijit Singh, y BBC o ragfarn wrth-grefyddol, gan enwi'r sebon yn benodol:

'*Mae Dot Cotton 'EastEnders' yn enghraifft. Mae'n dyfynnu'n ddiddiwedd o'r Beibl, ac mae'r [sioe] yn gwawdio crefydd i raddau.*'

Dywedodd Dr Chakravarthi Ram-Prasad o Adran Astudiaethau Crefyddol Prifysgol Caerhirfryn fod:

'*. . . operâu sebon yn tueddu i ddefnyddio stereoteipiau – mae'r Cristnogion yn ffwndamentalwyr gwallgof, mae'r Hindwiaid mewn priodasau a drefnwyd.*'

Cafodd y feirniadaeth hon ei hadleisio gan bwyllgor dethol Tŷ'r Arglwyddi (a sefydlwyd yn 2005 i adrodd ar ddyfodol y BBC), a oedd yn gweld yn y sioe nifer o enghreifftiau o grefydd yn cael ei thanseilio'n fwriadol oherwydd ei ffordd ystrydebol ac anghywir o bortreadu pobl grefyddol. Dywedwyd hefyd fod gwybodaeth y BBC, fel corfforaeth, am grefydd yn annigonol iawn, a bod yr anwybodaeth yma yn trwytho'i holl raglenni – gan effeithio'n wael ar ei chynulleidfa yn aml.

O safbwynt problemau moesol, does ar *EastEnders* ddim ofn defnyddio straeon dadleuol: treisio, llofruddiaeth, camdrin plant, erthyliad, ewthanasia, cyffuriau, HIV, herwgipio plant, a llu o rai eraill. Mae'r ffordd mae *EastEnders* wedi ymdrin â llawer o'r straeon yma wedi helpu i addysgu'r cyhoedd. Yn aml, bydd y sebon yn rhoi rhif llein gymorth yn ymwneud â'r broblem foesol neilltuol dan sylw, cyn y rhaglen ac ar ôl ei dangos (mae operâu sebon eraill wedi dilyn yr arfer yma hefyd). Mae elusennau sy'n ymgyrchu ar y materion hyn yn aml yn canmol y sebon am helpu i addysgu pobl am broblemau anhygoel o gymhleth ac anodd, gan gydnabod fod gwybodaeth y rhan fwyaf o bobl am y fath faterion yn dod o'r rhaglenni teledu y byddan nhw'n eu gwylio.

Y ffactor bwysig arall y dylid ei hystyried yw fod y sebon yn cael ei ddarlledu cyn y 'terfyn gwylio' (*watershed*), sy'n gwahanu rhaglenni sy'n addas i blant oddi wrth rai eraill (h. y. cyn 9 pm, yn y gred na fydd plant ifanc yn gweld teledu wedi hynny) – ac eto mae'n ymdrin â chynnwys sy'n perthyn i'r cyfnod wedi'r terfyn hwn ym marn llawer o bobl.

Mewn cynhadledd ym 1987, lle'r oedd hi'n sôn am y dirywiad mewn safonau moesol mewn darlledu ar y teledu, dywedodd y diweddar Mary Whitehouse (sylfaenydd y 'Clean Up TV Campaign' yn y 1960au cynnar):

'*Efallai eich bod yn gofyn, ac mi fyddwn i'n deall hynny, pam rydym yn cadw'r fath lygad barcud ar "EastEnders" y BBC. Mae'r rheswm yn un syml. Mae'r rhaglen hon yn herio llawer o'r egwyddorion sylfaenol sydd, ar bapur, yn llywodraethu syniadau'r gorfforaeth am "amser gwylio teuluol". Mae amseru'r rhaglen hon yn peryglu'r holl gysyniad hwn. A hyn oll yn enw*

"brwydr y ffigyrau gwylio". Mae wedi cael ei hamseru i wrthwynebu "Coronation Street" a fu
ar y brig yn y polau gwylio ers blynyddoedd lawer.

Gwae ni a gwae'n plant hefyd os gadawn i 'EastEnders', gyda'i drais geiriol a'i awyrgylch o
drais corfforol, ei wrywgydwyr, ei bimp bygythiol a'i butain, ei gelwyddau a'i dwyll a'i iaith
ffiaidd, heb ei herio. Dydy'r ffaith fod y rhaglen yn cyfleu'n gryf hefyd gynhesrwydd,
cyfeillgarwch a theyrngarwch teuluol ddim yn cyfiawnhau'r ecsploetio emosiynol sy'n
nodweddu cymaint o'r penodau.'

Mae nifer o operâu sebon eraill adnabyddus ar deledu'r DU, pob un yn anelu at
gynulleidfa benodol, a bydd materion crefyddol a moesol yn cael eu cyflwyno gyda'r
gynulleidfa honno mewn golwg. Byddai'n dda cadw hynny mewn golwg wrth bwyso a
mesur sut mae rhaglen neilltuol yn ymdrin â materion crefyddol a moesol.

Tasg

Tasg ymchwil	Dewiswch unrhyw sebon a gwyliwch bennod. Bob tro y bydd cyfeiriad at fater crefyddol neu foesol, nodwch hynny.
	Detholwch ddau neu dri o'r cyfeiriadau hynny ac eglurwch sut mae pob un yn berthnasol i'r mater crefyddol/moesol dan sylw.

Nodi themâu crefyddol o fewn opera sebon

Mae nodi pa themâu y gellid eu hystyried yn rhai 'crefyddol' yn waith anodd o safbwynt
bod yn gwbl gynhwysfawr, ond mae themâu mawr fel credoau, arferion a gwerthoedd
moesol yn fannau cychwyn amlwg. Dylech nodi fod cyfeiriad at gyd-destun crefyddol
penodol yn hanfodol, ac na ddylech ddefnyddio themâu mewn ffordd gyffredinol. Er
enghraifft, mae maddeuant yn syniad crefyddol ac yn un seciwlar, a dim ond os oes
cyfeiriad penodol at ei gyd-destun crefyddol y byddai'r fath thema'n dderbyniol.

Er enghraifft, gallai dadansoddiad gyfeirio at gymeriad yn y sebon yn gweithredu mewn
ffordd sydd yn fwriadol yn ceisio osgoi gwneud niwed i gymeriad arall neu i anifail. Tra'n
cyfeirio at yr enghraifft benodol yn y sebon, gallech ei gwneud hi'n glir fod hyn yn

dangos y syniad Hindŵaidd o *ahimsa*. Yn y ffordd yma, mae eich dadanoddiad yn creu cysylltiadau clir rhwng gweithredoedd o fewn y sebon a thema grefyddol benodol.

Tasg

Tasg gyflwyno	Gan ddewis un opera sebon, paratowch gyflwyniad PowerPoint sy'n dangos sut mae themâu crefyddol neu foesol yn cael eu portreadu.
	(Dylech gynnwys naill ai ddarn fideo neu ddarnau o'r sgript i gefnogi eich cyflwyniad.)

Astudio themâu crefyddol

Dylid cofio bob amser mai prif bwrpas opera sebon yw adrodd stori. Am y rheswm yma, mae cymeriadau, straeon a themâu – crefyddol neu beidio – yno ddim ond er mwyn hyrwyddo'r stori. Dydy crefydd fel arfer ddim yn cael ei archwilio er ei mwyn ei hunan o fewn sebon, ond mae'n cael ei defnyddio i ychwanegu dimensiwn at – neu egluro cymhelliad – cymeriad yn y stori. Oherwydd hynny, mae'n beth digon cyffredin gweld gwawdluniau (*caricatures*) o gymeriadau crefyddol mewn operâu sebon, fel Dot Cotton yn *EastEnders* neu Anti Marian yn *Pobol y Cwm*, fel rhywun sy'n mynychu capel neu eglwys ac sy'n cael ei phortreadu fel menyw fusneslyd sy'n barnu pawb oherwydd y ffordd mae hi'n deall ei chrefydd (prin fod rhaid dweud fod y ddelwedd annheg yma wedi cael ei beirniadu'n hallt gan grwpiau Cristnogol).

Mae enghreifftiau eraill yn cynnwys y ficer, Ashley, yn *Emmerdale*. Pan ymddangosodd yn y rhaglen yn gyntaf sawl blwyddyn yn ôl, roedd yn cael ei bortreadu fel un gwan, merchetaidd, arwynebol ei ffydd, a fyddai'n dyfynnu nawr ac yn y man o athrawiaeth feiblaidd neu eglwysig a oedd ryw 40 mlynedd ar ôl yr oes! Yn rhannol oherwydd cwynion gan grwpiau Cristnogol, mae'r cymeriad wedi datblygu'n berson llawer mwy credadwy ac addfwyn, sy'n well adlewyrchiad o ficer Eglwys Loegr cefn-gwlad nodweddiadol.

Mae portreadu cymeriadau crefyddol fel pe bai'n fusnes anodd i'r rhan fwyaf o operâu sebon. Tra bod gwawdluniau Cristnogol wedi ymddangos yn y rhan fwyaf o'r prif operâu sebon, does prin neb o grefyddau eraill wedi ymddangos o gwbl, yn rhannol oherwydd sensitifrwydd darlledwyr i grwpiau crefyddol a diwylliannol gwahanol. Bellach, mae fel pe bai yna rai ymdrechion positif, er eu bod yn raddol iawn, i bortreadu pobl o gefndiroedd crefyddol eraill mewn operâu sebon. Tra bod hon yn ymgais i roi darlun mwy cywir o Brydain aml-ddiwylliannol, rhaid cofio unwaith eto mai'r rheswm y maen nhw yno yw i yrru'r plot a'r stori yn eu blaen, a gall hynny arwain at gambortreadu cymeriadau crefyddol i ddiben adrodd stori neilltuol. Mae'n bwysig cofio sut mae hynny'n digwydd ac egluro a ydy'r fath enghreifftiau yn gallu camarwain y gynulleidfa ynglŷn â gwir gred/arfer/dysgeidiaeth y grefydd.

Tasgau

Tasg ymchwil	Fel dosbarth, rhannwch y cyfrifoldeb am wylio nifer o wahanol operâu sebon. Rhestrwch unrhyw gymeriadau sy'n cael eu dangos fel rhai crefyddol. Cyfunwch eich casgliadau fel dosbarth, gan nodi'r ffyrdd positif a negyddol mae ymddygiad crefyddol y cymeriadau'n cael ei bortreadu.
Tasg sgrifennu	a. Eglurwch sut y bydd operâu sebon yn ymdrin â materion moesol.
	b. 'Mae operâu sebon yn gorsymleiddio problemau moesol cymhleth.' Aseswch y farn yma.

Geirfa

ahimsa	Y syniad Hindŵaidd o beidio â gwneud niwed na defnyddio trais
cynnwys 'oedolion'	Deunydd a all gynnwys trais graffig, noethni, rhyw, defnydd cyffuriau a rhegi ac iaith wael
gwirionedd gwrthrychol	Gwirionedd sydd yn wir mewn unrhyw amgylchiadau, ni waeth beth fo teimladau neu sefyllfa pobl
opera sebon	Cyfres sy'n ymwneud â bywyd bob-dydd sy'n rhedeg dros gyfnod maith.
stereoteip	Syniad neu ddelwedd sefydlog sydd gan lawer o bobl am berson neu grŵp neilltuol, sy'n seiliedig ar orsymleiddio neu orbwysleisio rhyw nodwedd amlwg neu ddychmygol mewn ymddygiad neu ymddangosiad.
terfyn gwylio	Amser neilltuol yn yr amserlenni teledu (9.00pm fel arfer) y gellir ar ôl hynny ddangos rhaglenni â chynnwys 'oedolion'

Credoau ac arfer crefyddol yn *The Simpsons*

Nod

Ar ôl astudio'r bennod yma, dylech fod yn deall sut mae cred ac arfer crefyddol yn cael eu harchwilio drwy benodau o The Simpsons. Dylech hefyd fod yn gallu cynhyrchu dadansoddiad o'r ffordd mae cred ac arfer crefyddol yn cael eu portreadu o fewn y sioe.

Crefydd a *The Simpsons*: gorolwg

"Wyt ti 'na, Dduw? Fi sy 'ma, Bart Simpson."

Mewn llawer o ffyrdd mae'r dyfyniad yma (o'r bennod *Bart Sells His Soul*) yn crynhoi'r berthynas rhwng y gyfres gomedi gartŵn faith yma (mae yn ei phedwaredd gyfres ar bymtheg wrth i ni fynd i'r wasg) a chrefydd. Mae ei chymeriadau, fel drych i gymdeithas y gorllewin, yn amrywio o gredinwyr pybyr (e.e. Marge, Ned Flanders, Apu) i'r rheini sy'n defnyddio crefydd fel ffon fagl i'w cynnal ar adegau anodd yn eu bywydau (e.e. Homer, Bart, Krusty) ond sydd heb lawer o ddiddordeb mewn byw bywyd crefyddol fel arall. Fel y mae sylwebwyr wedi nodi, dydy crefydd fel y cyfryw byth yn cael ei gwawdio'n agored gan y sioe:

'Mae'r sioe bob amser yn garedig wrth wir gredinwyr, ond mae pobl sy'n adeiladu eu crefydd ar eiriau ac nid teimladau yn cael eu trin yn llai caredig.'

Jeff Shalda, *Religion in the Simpsons* (2000)

Gyda sioe mor ddychanol â *The Simpsons*, mae weithiau'n anodd peidio â theimlo ei bod yn gwawdio popeth. Mae defnyddio ffurf cartŵn yn gwahodd y gwyliwr i weld cynnwys y sioe drwy lygaid plentyn, fel pe tae, ond mae hynny'n dwyllodrus: mae'n rhan o athrylith creadigol Groening fod ei ddeunydd nid yn unig yn adloniant poblogaidd ond hefyd yn berthnasol, yn frathog ac, yn bwysicaf oll, yn sylwebaeth ar gymdeithas gyfoes. Mae'r defnydd a wneir o grefydd yn y sioe yn rhan o hyn ond mae'r creawdwyr a'r awduron yn gytbwys yn eu triniaeth o grefydd – fel y maen nhw'n ceisio bod gyda phob agwedd ar fywyd dynol (ac, ar adegau, annaearol) y byddan nhw'n ymdrin â nhw. Mae awduron yn sioe yn dod o amrywiaeth o safbwyntiau crefyddol, o anghredinwyr i agnosticiaid i theistiaid, yn ogystal â chynrychioli, o ran eu cefndir o leiaf, amrywiaeth o draddiodiadau Cristnogol ac Iddewig yn bennaf. Bydd yr awduron yn ymgynghori o bryd i'w gilydd â gwahanol gymunedau crefyddol er mwyn sicrhau fod manylion cred ac arfer crefyddol yn cael eu portreadu'n gywir o fewn y sioe.

Yn ôl gwaith pwysig Mark Pinsky, *The Gospel according to The Simpsons* (2il arg, 2007):

'Bu Rabbi Lavi Meier a Rabbi Harold Schulweis, un o feddylwyr blaenllaw Iddewiaeth Geidwadol yn America, yn 'ymgynghorwyr technegol arbennig' . . . mae gwybodaeth arbenigol ac arweiniad y ddau rabbi yn amlwg drwy'r holl sioe.'

'Dywedodd Schulweis . . . ei fod wedi synnu i weld mor ddilys oedd [y bennod Like Father, Like Clown*]. "Roeddwn yn meddwl fod tinc Iddewig iddi. Roedd yn ddwys, Gwnaeth y difrifoldeb moesol gwaelodol gryn argraff arnaf.'*

Nid dim ond meddylwyr blaenllaw'r gymuned Iddewig sydd wedi nodi'r 'difrifoldeb moesol gwaelodol' yma. Yn y Cymundeb Anglicanaidd, dywedodd Archesgob Caergaint, Dr Rowan Williams, am y sioe:

'Y Simpsons *yw un o'r darnau mwyaf cynnil o bropaganda sydd ar gael o blaid synnwyr, gwyleidd-dra a rhinwedd'.*

Mae Pinsky'n rhoi rhestr faith o'r fath ddyfyniadau gan amrywiaeth o ffynonellau crefyddol mawr eu parch, sydd oll yn cefnogi'r hyn sy'n cael ei wneud gan y sioe fel cyfrwng hyrwyddo gwerthoedd sy'n gyson â dysgeidiaeth grefyddol. Rhaid cyfaddef fod ymateb gwreiddiol America, yn enwedig ymhlith grwpiau ceidwadol, yn llai na chefnogol i giamocs y sioe, ond dywedodd Davis Landry, y diwinydd a'r ysgolhaig beiblaidd Pabyddol:

'Nid dyma ben draw eithaf diwinyddiaeth ar y teledu, ond yn The Simpsons *y ceir y driniaeth fwyaf cyson a deallus o grefydd unrhyw le ar y teledu.'*

Wrth i'r gyfres barhau i dyfu, felly hefyd y mae nifer y penodau sy'n cynnwys dysgeidiaeth grefyddol a moesol. Pan ofynnodd rhywun i'r actorion sy'n portreadu'r cymeriadau a oedden nhw'n credu fod y sioe yn ceisio dysgu gwerthoedd moesol, roedden nhw'n mynnu nad oedd. Dyna farn rhai grwpiau crefyddol yn America sy'n amau ac yn drwgdybio'r sioe, gan gredu ei bod yn ymosodiad cudd ar eu cred a'u harfer. Ond mae'n ymddangos na fyddai'r dystiolaeth sy'n cefnogi'r ddau honiad allan o'i lle yn y ddameg enwog gan John Wisdom am yr ardd – lle na all dau ddyn gytuno a ydy'r dystiolaeth o flaen eu llygaid yn profi bod yna arddwr neu beidio.

Tasg

Tasg ymchwil	Chwiliwch am gopi o *Ddameg y Garddwr* John Wisdom. Pa bwynt mae'r awdur y ddameg yn ceisio ei wneud, yn eich barn chi?

Wrth wylio'r sioe, mae rhai o'r traddodiad anghrediniol wedi ei cyhuddo o fod 'yn fwy fel gwers Ysgol Sul na chomedi sefyllfa' (Pinsky). Gan gydnabod dychan *The Simpsons*, mae eraill wedi hawlio mai'r gyfres hon, mewn gwirionedd, yw'r sioe fwyaf crefyddol, an-efengylaidd ar y teledu. *'Lle mae rhaglenni eraill yn osgoi pwnc crefydd, mae The Simpsons yn cymryd lle crefydd mewn cymdeithas yn ddigon o ddifri i'w anrhydeddu drwy wneud sbort am ei phen.'* John Sohn, *Simpson Ethics yn The Simpsons Archive* (2000)

Tasgau

Tasg sgrifennu	Gan wylio pennod o *The Simpsons*, rhestrwch gymaint o enghreifftiau o gyfeiriadau at grefydd ag y gallwch eu darganfod. Cymerwch bump o'r rhain ac egluro'n ofalus sut maen nhw'n cysylltu â chred ac arfer crefyddol. Efallai y byddai'n briodol cyfeirio at ffynonellau awdurdod crefyddol wrth wneud hynny (e.e. ysgrythur, traddodiadau, ac ati). (Rhai penodau da: *Homer the Heretic; Lisa the Sceptic; Like Father, Like Clown; In Marge We Trust.*).
Tasg ymchwil	1 Fel dosbarth, gan ddefnyddio ffynhonnell ddata gydnabyddedig fel y rhestr o'r penodau yn **www.thesimpsons.com** lluniwch restr o benodau sydd â chysylltiad penodol â chrefydd. Rydym yn awgrymu rhestr o ddeg pennod o leiaf, ond os yw'ch grŵp dysgu yn fwy na deg, efallai y byddwch chi am wneud rhestr o'r un nifer o benodau ag sydd o fyfyrwyr yn y dosbarth.
	2 Dylai pob disgybl wylio pennod wahanol. Sgrifennwch bwt yn nodi sut mae crefydd yn cael ei phortreadu yn eich pennod, a pharatowch gyflwyniad ar eich casgliadau ar gyfer y dosbarth.

Cwrdd â'r Teulu: gorolwg ar *The Simpsons*

Tra bod cast o gannoedd o gymeriadau cartŵn gan y sioe yn bellach, y teulu yw craidd y bennod bob tro. Mae gan bob aelod statws clasurol bron yn nychymyg llawr o bobl heddiw. Mae gan bob un set o nodweddion y bydd y gynulleidfa yn eu hadnabod yn hawdd, ac yn uniaethu â nhw hefyd.

Dyma grynodeb cymeriadau Jeff Shalda:

Marge, mam 34-blwydd oed y teulu, yw'r glud sy'n dal y teulu ynghyd. Ei syniad o foesoldeb a'i hymrwymiad anhunanol i'w theulu yw'r unig beth sy'n cadw'r Simpsons rhag chwalu. Mae hyn yn effeithio'n uniongyrchol ar ei syniadau am grefydd. Mae'n Gristion selog sy'n dibynnu ar Dduw a chrefydd i roi'r nerth iddi i gadw ei teulu i fynd. Oherwydd hynny, mae ei gweddïau yn aml yn fargen gyda Duw: er enghraifft pan oedd y dre yn wynebu toddiad niwclear, gweddïodd Marge, "Arglwydd da, os arbedi di'r dre rhag mynd yn dwll myglyd yn y ddaear, fe dria'i fod yn Gristion gwell, wn i ddim be alla'i wneud . . . Mmm . . . o, y tro nesaf bydd ymgyrch i gasglu tuniau bwyd, fe rodda'i rywbeth i'r tlodion y byddan nhw'n ei hoffi yn lle tuniau o hen ffa lima a chymysgedd pwmpen" ('Homer Defined'). Mae'n gweld yr eglwys fel yr unig le a all reoli chwantau Homer a Bart, hyd yn oed os mai dim ond am awr yr wythnos.

Marge Simpson

Lisa heb os nac oni bai, yw'r plentyn wyth oed clyfraf yn Springfield. Mae hi flynyddoedd goleuni ar y blaen i'w theulu yn ddeallusol, a gwelwn hynny ar sawl lefel. Mae ei deallusrwydd yn achosi iddi weld crefydd fel mater o set o foesau a thraddodiad yn hytrach na ffydd bur. Mae'n gweld pethau fel achos ac effaith. Er enghraifft, os yw hi'n gwylio teledu heb dalu amdano, bydd yn mynd i uffern, felly ddylai hi ddim ei wylio ('Lisa vs. Homer' a 'The 8th Commandment'). Neu os bydd yn twyllo mewn prawf, mae'n credu fod rhaid iddi gyfaddef oherwydd fod ei moesau yn dweud wrthi y dylai, hyd yn oed os bydd yr ysgol yn colli arian o'r herwydd ('Lisa Gets an A'). Er na all hi gymryd naid tuag at ffydd, mae ei theimlad cryf o foesoldeb yn golygu ei bod hi'n byw bywyd da ac yn gwneud ei gorau glas i ddylanwadu ar aelodau eraill ei theulu i wneud hynny hefyd. (Yn nes ymlaen mae'n dewis Bwdhaeth fel y ffordd orau o fynegi ei natur ysbrydol.)

Lisa Simpson

Bart Simpson

Bart yw'r anarchydd deg-mlwydd-oed; ei nod mewn bywyd yw gwrthryfela yn erbyn pob ffurf ar awdurdod, yn cynnwys ei rieni, ei athrawon, y dref, a'r awdurdod eithaf, Duw. Ond fel y rhan fwyaf o bobl ifanc wrthryfelgar, mae Bart yn y pen draw yn ceisio rheolaeth yr union bethau mae'n gwrthryfela yn eu herbyn. Dyna pam mae'r rhan fwyaf o'i 'driciau naill ai'n cael eu rhwystro neu'n troi'n ddaioni yn y pen draw' (Bowler, par. 27). Bart yw mab afradlon y teulu, a thrwyddo ef, caiff natur dda aelodau eraill y teulu gyfle i ddisgleirio. Er enghraifft, pan fydd Bart yn difetha Nadolig y teulu, ac yna'n dweud celwydd ynglŷn â hynny, maen nhw'n colli popeth i bobl ddig y dref. Ond mae hynny'n dysgu iddyn nhw werthfawrogi ei gilydd a sylweddoli nad am eiddo materol y mae'r Nadolig ('Miracle on Evergreen Terrace').

Homer Homer yw patriarch 36 mlwydd oed y teulu Simpson. Ef yw craidd hurt y teulu, ond mae e'n dibynnu ar y gweddill lawer mwy nag y maen nhw'n dibynnu arno fe. 'Dryslyd' yw'r gair gorau am ei farn am grefydd. Mae camddarllen y Beibl o hyd, fel pan ddywedodd wrth

Homer Simpson

Lisa, 'mae gan dy fam y syniad gwallgo 'ma fod gamblo'n beth drwg er fod y Beibl yn dweud ei fod yn iawn'. Mae Lisa'n gofyn ble mae'n dweud hynny, ac mae Homer yn ateb 'rhywle yn y cefn' ('Springfield'). Mae hefyd yn camgymryd Duw am waffl sydd wedi glynu wrth y nenfwd ('Homer Loves Flanders'), ac mae'n credu mai stori feiblaidd yw Heracles a'r Llew ('Blood Feud'). Mae'r dryswch yma'n arwain Homer i bechu o hyd ond: 'mân bechodau fyddai Pabyddion yn eu galw, nid rhai marwol. Mae'n barod i wneud drygioni ond dydy e byth yn gwrthod Duw na'r syniad o gyfiawnder dwyfol. Yn y bon, mae e'n wan' (Kisken, par. 31). Ac er ei fod, ar y cyfan, yn bechadur, ei ymrwymiad i'w deulu yw'r rheswm pam mae'n dewis daioni yn lle drygioni yn y pen draw.

Tasg

Tasg sgrifennu	Dewiswch ddau gymeriad arall o *The Simpsons* a sgrifennwch bortread o bob un yn canolbwyntio ar eu hagweddau tuag at grefydd.

Dod o hyd i grefydd yn *The Simpsons*: canllawiau ymarferol

Yr allwedd i unrhyw ateb llwyddiannus i gwestiwn arholiad ar y pwnc yma yw gallu dadansoddi beth mae *The Simpsons* yn ei ddweud am grefydd yn ogystal â gallu nodi sut maen nhw'n ei ddweud. Bydd hynny'n bosibl os bydd gennym wybodaeth am:

a. Gred ac arfer crefyddol;

b. Y cyd-destun penodol yn *The Simpsons*.

Ar hyn o bryd, does dim arweiniad gwell i'r ffordd mae *The Simpsons* yn ymdrin â chrefydd na llyfr Mark Pinsky, *The Gospel according to the Simpsons* (2007, ail arg.). O'r ffordd mae Duw'n cael ei gyflwyno, i gredoau ac arferion crefyddol – yn ogystal â darlunio gwahanol enwadau a chrefyddau – mae'r llyfr yn ymdrin yn fanwl â'r themâu yma, fel arfer drwy grynhoi a dadansoddi pennod neilltuol sy'n enghraifft o'r thema dan sylw. Byddai'n syniad da i chi fwrw golwg ar y llyfr yma.

Cofiwch, wrth wylio pennod, efallai nad oes thema grefyddol amlwg yn cael ei harchwilio. (Cyfres gartŵn sy'n dychanu bywyd yw hon, nid testun diwinyddol!)

Er enghraifft, mewn un bennod lle mae'r dref yn cael ei rhannu'n ardaloedd côd ffôn (*A Tale of Two Springfields*), mae Carl yn dweud wrth Lenny, wrth sôn am arwyddocâd rhifau codau deialu'r ardal (sef 636 a 939):

'Dwi'm yn siŵr pa un sy orau. Mae'r '6' yn agosach at y '3', sy'n fwy cyfleus, ond wedyn mae gan '9' lai i'w wneud â Satan, sy'n fantais yn y byd crefyddol sydd ohoni.'

Dyma'r unig gyfeiriad agored at grefydd yn y bennod ond wrth gwrs, os nad ydyn ni'n deall rhifoleg Iddewig-Gristnogol, lle mae 7 yn cael ei ystyried yn rhif perffaith a 6 yn un amherffaith, fyddai'r sylw yma'n ddim yn golygu dim byd. Mae sylw Carl fod y byd yn 'grefyddol' yn ddiddorol am ddau reswm: yn gyntaf, am nad yw Carl byth yn cael ei gyflwyno fel unigolyn neilltuol o grefyddol – byddai'r fath linell yn fwy tebygol o ddod o enau Ned Flanders. Yn ail, mae awduron y sioe yn rhoi geiriau yng ngheg un o gymeriadau mwy 'normal' y sioe, gan awgrymu efallai nad yw'r 'person cyffredin' wedi cael gwared o'r syniad o grefydd yn ei feddwl ei hunan, er gwaetha'r dystiolaeth sy'n awgrymu fod crefydd gyfundrefnol ar drai yn y byd gorllewinol

Tasg

Tasg grŵp	
	1 Gan ddefnyddio'r enghraifft yma fel arweiniad, nodwch unrhyw enghraifft o gyfeiriad at grefydd mewn pennod o *The Simpsons*.
	2 Cynhyrchwch gymaint o syniadau ag sy'n bosibl yn y grŵp gan gysylltu cyd-destun crefyddol y sioe â'r cyd-destunau crefyddol allanol perthnasol (e.e. credoau, arferion, ac ati).
	3 Gan ddefnyddio'r syniadau yma, sgrifennwch baragraff neu ddau yn egluro sut mae cyfeiriad crefyddol y sioe yn cysylltu â chyd-destunau crefyddol yn y byd go iawn.

Mae'r adrannau nesaf yma yng enghreifftiau o'r ffordd mae rhai elfennau crefyddol yn cael eu portreadu o fewn y sioe.

Ysgrythurau

Fel llawer o dargedau dychan y sioe, dydy'r ysgrythur (y Beibl, bron bob amser) ei hun ddim yn cael ei wawdio neu ei drin mewn ffordd amharchus. Ond mae'r ffordd y bydd eraill yn gwneud defnydd o'r ysgrythur yn aml yn cael ei ddefnyddio i wneud pwynt am anwybodaeth, rhagrith neu fathau eraill o ymddygiad negyddol.

Mae'r Parch. Lovejoy yn hoff o ddefnyddio'r ysgrythur i gefnogi ei bwynt – boed hynny mewn pregeth neu mewn sgwrs gydag eraill – ond mae'r ffordd mae'n defnyddio'r Beibl yn ddiddorol ynddi ei hun. Llymder rhannau o'r Hen Destament y bydd Lovejoy'n eu dewis yn aml iawn wrth bregethu. Anaml iawn y bydd yn defnyddio gwerthoedd y Testament Newydd, fel cariad, heddwch a chymod. Drwy wneud hynny, mae creawdwyr y sioe fel pe baen nhw'n pwysleisio'r pwynt fod yn well gan rai pregethwyr y fersiwn 'uffern a damnedigaeth' o grefydd, am nifer o resymau (e.e. mae'n rhoi pŵer iddyn nhw dros y gynulleidfa; mae'n achosi i bobl ofni cosb ac felly i ofni pobl ag awdurdod mewn crefydd; mae'n gwneud y gynulleidfa yn fwy gwasaidd, ac yn y blaen).

Mae Lovejoy'n defnyddio'r Beibl mewn ffordd anghyson hefyd, o ddyfynnu cyfeiriadau cywir wrth Homer yn *Homer the Heretic*, i ddyfeisio adnodau yn fwriadol i hyrwyddo ei ddibenion ei hunan (yn y bennod *Whacking Day*). Drwy wneud y pethau yma, mae Lovejoy'n tanseilio'i safle ei hun fel rhywun sydd yn gyfrifol am warchod awdurdod yr ysgrythurau – i greu effaith ddoniol yn y sioe, o bosib, ond hefyd o bosib er mwyn i sgrifenwyr y sioe allu cynnig sylw cymdeithasol sydd, yn eu barn nhw, yn bwysig.

Addoli

Y prif addoldy yn y sioe yw Eglwys Gymunedol leol Springfield lle mae'r Parch. Lovejoy yn weinidog. Mae Pinsky'n ei ddisgrifio fel hyn:

'Felly, mae'r gweinidog yn rhagrithiol ac yn llwgr ar adegau, ond dydy e ddim yn bechadurus neu'n anfoesol, dim ond yn ddynol . . . Roedd ganddo freuddwydion a delfrydau am y weinidogaeth ar un adeg ond, ar ôl degawdau yn y pwlpud, mae

**Y Parch. Lovejoy
wrthi'n pregethu**

wedi llosgi mas fel pregethwr. Mae ei bregethau yn ddiflas, ac mae'n gwybod
hynny. Ar y cyfan, mae'r bugail yma'n enghraifft o'r hyn na ddylai gweinidog fod.'

Mae addoldai eraill yn cael eu dangos weithiau, yn cynnwys yr Eglwys Episgopalaidd (y bydd Lovejoy a'i gefnogwyr yn aml yn cenfigenu wrthi), yr Eglwys Babyddol, a'r Synagog leol.

Yn eironig, mae aelodaeth eglwys Lovejoy fel pe bai'n cwmpasu holl amrywiaeth cymuned Springfield (pwynt a wneir yn *The Simpsons Movie*), er bod hynny efallai er mwyn y stori yn fwy nag unrhyw reswm arall. Does dim llawer o gyfranogi yn y gwasanaethau yma – yn wir, does dim fel pe bai ots os oes cynulleidfa'n bresennol neu beidio. Yr eithriadau yw pan fydd rhywbeth annisgwyl yn digwydd – fel Lovejoy'n diddanu ei gynulleidfa â'r hanes amdano'n achub Flanders oddi wrth y babwniaid yn y sŵ leol (*In Marge we Trust*); y gynulleidfa'n morio canu fersiwn 'emyn' Bart o gampwaith roc Iron Butterfly, *In A-Gadda-Da-Vida* (wedi ei ailenwi gan Bart yn *In the Garden of Eden*, yn y bennod *Bart Sells His Soul*); a phrofiad crefyddol Grampa Simpson yn *The Simpsons Movie*, parodi o 'fendith Toronto', lle bydd unigolyn neu grŵp yn cael ei 'ladd yn yr ysbryd' ac yn ymddwyn fel pe bai wedi derbyn rhoddion ecstatig.

**Trafodaeth
ddosbarth**

Traddodiadau crefyddol eraill

Mae Springfield weithiau'n arddangos traddodiadau crefyddol eraill a'u ffurfiau nhw o addoli o fewn penodau unigol. Ym mhennod *The Father, The Son and The Holy Guest Star* yn 2005, caiff yr **Eglwys Babyddol** y driniaeth ddychanol – i raddau helaeth ar sail stereoteipiau am Babyddiaeth Wyddelig a diwinyddiaeth sy'n llawn euogrwydd.

Gan ddefnyddio'r ysgogiad, 'Mae addoli yn Springfield yn ddiwerth, ac eto mae pawb yn gwneud', rhannwch y dosbarth yn ddau.

Bydd un grŵp yn dadlau fod addoli'n beth da i gymuned ac yn casglu tystiolaeth o'r sioe i gefnogi hynny.

Bydd y llall yn gwrthwynebu ac yn casglu tystiolaeth i gefnogi eu barn nhw.

Ar ddiwedd y ddadl, dylai'r dosbarth bleidleisio ar ba ochr allodd ddadlau'n fwyaf argyhoeddiadol.

Caiff y traddodiad **Iddewig** ei gynrychioli yn bennaf gan Krusty, y clown, a'i dad, y Rabbi Hyman Krustofski. Mae'n ymddangos wrth ei wisg fod y Rabbi yn un o'r Chasidim. Fel Iddew uniongred caeth, dydy'r Rabbi ddim yn cymeradwyo'r yrfa mae ei fab wedi ei dewis, gan ei gweld fel rhywbeth 'cywilyddus'. Yn un o'r penodau â'r thema Iddewig amlycaf hyd yn hyn, *Like Father, Like Clown*, ceir llu o weddïau, arferion, defodau ac athroniaeth Iddewig. Yn ôl Brian Rosman, ymchwilydd polisi iechyd sy'n cael ei ddyfynnu gan Pinsky:

'Mae'r Simpsons yn dangos dealltwriaeth reddfol o hanes Iddewig Americanaidd, crefydd a diwylliant Iddewig, a lle Iddewiaeth ymhlith holl amrywiaeth credoau a hunaniaethau America.'

Mae'r traddodiad **Bwdhaidd** wedi cael ei gynrychioli yn y blynyddoedd diwethaf gan gymeriad Lisa Simpson. A hithau'n gwbl ymwybodol o ragrith a gwendidau traddodiad crefyddol ei theulu, mae Lisa (sy'n cael ei phortreadu fel sgeptic) yn cefnu'n derfynol ar y traddodiad Cristnogol wedi i'r Eglwys Gymunedol werthu allan i Mr Burns er mwyn ailadeiladu, ar ôl i ddamwain a achoswyd gan Homer a Bart ei dinistrio. Mae hyn yn arwain Lisa ar daith drwy amrywiaeth o addoldai nes iddi ddod ar draws Teml Fwdhaidd.

Lisa Simpson yn myfyrio gyda Richard Gere

Mae cynnwys Richard Gere yn y bennod hon, fel un o Fwdhyddion mwyaf adnabyddus America (mae'n un o ddilynwyr selog Bwdhaeth Dibetaidd) yn rhoi dilysrwydd i'r ddysgeidiaeth Fwdhaidd sy'n dilyn. Mae Lisa yn mynd ati i chwilio am oleuedigaeth, proses sy'n gallu digwydd heb holl geriach ffurfiol ei thraddodiad crefyddol blaenorol. Mae'r syniad o fyfyrdod, athroniaeth diffyg parhad, y pedwar gwirionedd nobl, a'r llwybr wythplyg oll yn cael eu hyrwyddo yn y bennod yma.

Apu Nahasapeemapetilon yw prif gymeriad **Hindŵaidd** y sioe. Er bod cymeriadau Hindŵaidd eraill wedi ymddangos (yn cynnwys offeiriad a theulu Apu ei hunan), trwy Apu y mae'r grefydd yn cael ei chynrychioli fel arfer. Mae ei gymeriad yn ystrydebol, does dim amheuaeth, ond efallai fod hynny oherwydd fod Hindŵaeth yn un o draddodiadau crefyddol llai cyfarwydd y byd i gynulleidfa Americanaidd y sioe. Y duw y mae'n ei addoli yw Ganesha ac mae'n cadw *murti* ohono yn ei siop gornel (er ei fod yn cyfeirio at dduwiau eraill, yn enwedig Shiva a Vishnu).

Mae penodau sy'n ymdrin â'r briodas sydd wedi ei threfnu ar gyfer Apu, Lisa'n mynd yn llysieuwraig, Apu'n mynegi cariad at ei wraig yn ystod y bennod Dydd Ffolant, a'i daith yn ôl i India i adnewyddu ei drwydded fel clerc siop (stereoteip ynddo'i hun) oll yn gyfle i'r sioe edrych ar sawl cysyniad Hindŵaidd allweddol, yn cynnwys llysieuaeth, myfyrio, ailymgnawdoliad, lluosedd, a chymathiad diwylliannol.

Apu a'r teulu

Tasg

| Tasg sgrifennu | 'Mae traddodiadau crefyddol heblaw am Gristnogaeth bob amser yn ymddangos fel stereoteipiau yn *The Simpsons*.' Aseswch y farn yma. |

Casgliad

Mae poblogrwydd *The Simpsons* yn sicrhau y bydd wedi cael ei wylio gan filiynau o bobl ym mhedwar ban y byd. Mae'r argraff mae'r sioe wedi ei gwneud ar gymdeithas yn haeddu sylw – a dyna pam mae cymaint o astudiaethau academaidd ohoni bellach. Mae ei phortread o'r cyflwr dynol, boed hynny'n fwriadol neu beidio, yn rhan o'r rheswm dros ei llwyddiant. O fewn y portread yma, mae cred ac arfer crefyddol yn cael y lle y maen nhw'n ei haeddu, yn wahanol i unrhyw sioe arall ar y teledu.

Yn ei erthygl, '*God and The Simpsons*', mae Gerry Bowler yn dweud am y sioe:

Homer a Bart gyda theulu'r Flanders

'*Mae yna un peth arall y gall The Simpsons ei ddweud wrthom. Os ydyw, fel yr awgrymaf, ymhlith y rhaglenni mwyaf crefyddol ar y teledu, y cwbl y gall hynny ei olygu yw fod crefydd yn* *cael ei gwasanaethu'n wael iawn ar y cyfrwng hwnnw . . . lle arall y ceir crefydd ar y teledu? I ble mae trigolion **Friends** yn mynd i'r eglwys? Beth wyddon ni am fywyd ysbrydol **Roseanne** neu **Frasier**? A ydy'r meddygon ar **ER** neu **Chicago Hope** byth yn cael eu symbylu i weddïo neu i ystyried Duw? Mae anweledigrwydd crefydd mewn rhaglenni oriau brig yn dweud cyfrolau am y ffordd y mae'r diwydiant adloniant yn gweld ei le ar raddfa gweithgaredd dynol, a nes i hynny newid, efallai y bydd yn rhaid i ni wneud y tro â Ned Flanders fel ein cynghorydd ysbrydol teledol.'*

Pwnc seminar

A oes gan The Simpsons unrhyw beth defnyddiol i'w ddysgu i ni am y ffordd y mae pobl yn credu ac yn arfer eu cred?

Does ar *The Simpsons* ddim ofn dal drych yn wyneb cymdeithas a thrwy ei gymeriadau, ein dangos ni i ni'n hunain. Y swyddogaeth yma sy'n tanlinellu ei bwysigrwydd. Mae gweddi Bart (*Wyt ti yna, Dduw?*) yn cael ei hateb dro ar ôl tro gan y digwyddiadau a'r bobl o'i gwmpas. Mae perthynas *The Simpsons* gyda chrefydd yn ymddangos fel un a fydd, fel y sioe ei hun, yn parhau i dyfu.

Geirfa

cymathiad diwylliannol	Unigolion neu grŵp yn mynd yn rhan o ddiwylliant arall ac yn ei fabwysiadu, tra'n dal i gadw eu diwylliant eu hunain
heretic	Rhywun sy'n credu peth neu bethau 'anghywir', am eu bod yn groes i gredoau uniongred crefydd neu system gred arbennig
lluosedd	Y gred fod llawer llwybr at Dduw, pob un mor ddilys â'i gilydd
sgeptig	Rhywun sy'n gwrthod credu mewn crefydd a'r goruwchnaturiol

Darlledu penodol grefyddol

Nod

Ar ôl astudio'r bennod yma, dylech fod yn gallu deall pwrpas darlledu penodol grefyddol a pham mae'n digwydd. Dylech hefyd fod yn gallu asesu pa mor effeithiol yw darlledu penodol grefyddol o ran cyflwyno credoau ac arferion crefyddol.

Gorolwg

Dywedodd Billy Graham, un o efengylwyr Cristnogol mwyaf adnabyddus ail hanner yr 20fed ganrif, mai:

"Teledu yw'r cyfathrebiad mwyaf pwerus a ddyfeisiwyd gan ddyn erioed."

Billy Graham

Mae miliynau o bobl ym mhedwar ban y byd yn gwylio'r teledu. I rai, yn enwedig rhai sydd mewn sefyllfa sy'n eu cyfyngu i un man neilltuol, dyma eu hunig ddolen gyswllt â'r byd allanol. Gyda dyfodiad yr oes ddigidol, mae trosglwyddo wedi cynyddu'n aruthrol, fel bod miloedd o rwydweithiau darlledu erbyn hyn yn gweithredu yn rhyngwladol.

Hyd yn oed ar rwydwaith daearol y DU, mae pum sianel ar gael, a gyda dyfodiad teledu lloeren a chebl i gartrefi Prydain yn ystod yr ugain mlynedd diwethaf, gall pobl wylio cannoedd o sianeli gwahanol bob dydd. Yn wir, gyda'r broses o wneud teledu'n ddigidol yn lle'r hen system analog, mae llawer mwy o sianeli ar gael i bobl yn rhad ac am ddim nag erioed o'r blaen.

Dylanwad y teledu

'Yn 2009, bydd Cymru'n dechrau newid i deledu digidol - un o'r rhannau cyntaf o'r Deyrnas Unedig i wneud hynny. Cwblheir y broses yng Nghymru yn gynnar yn 2010.'
(ffynhonnell: www.digitaluk.co.uk/cy/when/wales)

Mae llawer o'r rhain yn sianelu 'arbenigol' sy'n ymdrin ag un maes penodol iawn yn eu rhaglenni: mae'r rhain yn cynnwys newyddion, rhaglenni dogfen, cerddoriaeth, crefydd a chwaraeon. Ein prif ddiddordeb ni yn y bennod yma yw crefydd, ond nid dim ond ar sianeli arbenigol y cawn raglenni crefyddol. Mae'r asiantaeth deledu Ofcom yn gorfodi pum sianel ddaearol Prydain i ddarparu lleiafswm o ddarllediadau penodol grefyddol.

Tasg

Tasg ymchwil	1 Gan ddefnyddio'r rhyngrwyd, gwnewch restr o bymtheg o leiaf o raglenni â thema grefyddol sydd wedi ymddangos ar deledu daearol yn ystod y deg mlynedd diwethaf.
	2 Dewisiwch unrhyw dair o'r rhestr a sgrifennwch grynodeb byr o bwnc y rhaglen, beth oedd y gynulleidfa roedd hi'n anelu ati, a pha mor llwyddiannus oedd hi o safbwynt ffigurau gwylio.

Mae llawer o'r rhain yn gyfarwydd i ni, fel *Dechrau Canu, Dechrau Canmol, Songs of Praise*, a *The Heaven and Earth Show*, ond mae cwmpas rhaglenni crefyddol yn ymestyn ymhellach na hyn. Yn ddiweddar, bu ymdrech ymwybodol i hyrwyddo dealltwriaeth ehangach drwy wneud rhaglenni sy'n adlewyrchu'r ffaith fod Prydain yn lle mwyfwy aml-grefyddol. Roedd llawer o bobl yn cydnabod fod cyfnodau arbennig yn y calendr crefyddol (fel gwyliau) yn cael mwyfwy o sylw, gan roi enghreifftiau o ddarllediadau crefyddol yn adlewyrchu nid yn unig y Nadolig a'r Pasg, ond Divali a Ramadan hefyd.

Tasg

Tasg ymchwil	Gan ddefnyddio'r rhyngrwyd, ymchwiliwch i swyddogaeth Ofcom a darganfyddwch beth yw ei gyfrifoldebau o ran darlledu teledu.

Pam mae hi'n bwysig fod rheolaeth ar ba raglenni sy'n cael eu dangos ar y teledu?

Mae eitemau crefyddol wedi bod yn rhan o ddarlledu radio ers amser maith. Un rheswm mae rhaglenni fel *Thought for the Day* (Radio 4) a *Pause for Thought* (Radio 2) yn denu gwrandawyr yw eu bod yn cynnwys amrywiaeth o grefyddau, ac y mae hyn yn rhywbeth mae rhaglennu teledu fel *The Heaven and Earth Show* wedi bod yn ceisio ei ddynwared.

O safbwynt rheolaeth dros ddarlledu crefyddol, mae yna ganllawiau llym y mae'n rhaid eu dilyn. Dyma Adran 4, 'Crefydd', o'r Cod Darlledu sydd wedi ei lunio gan Ofcom a fydd hefyd yn ei fonitro:

Egwyddorion

1 Sicrhau bod darlledwyr yn arfer cyfrifoldeb priodol gyda pharch tuag at gynnwys rhaglenni sy'n rhaglenni crefyddol.

2 Sicrhau nad yw rhaglenni crefyddol yn golygu ecsbloetio'n amhriodol unrhyw deimladau gan y gynulleidfa am raglen felly.

3 Sicrhau nad yw rhaglenni crefyddol yn golygu unrhyw gam-drin barn a chredoau crefyddol y rheiny sy'n perthyn i grefydd neu enwad crefyddol penodol.

Rheolau

4.1 Rhaid i ddarlledwyr arfer graddfa briodol o gyfrifoldeb gyda pharch tuag at gynnwys rhaglenni sy'n rhaglenni crefyddol.

Ystyr 'rhaglen grefyddol':

Rhaglen grefyddol yw rhaglen sy'n delio â materion crefydd fel y testun canolog, neu fel rhan sylweddol, o'r rhaglen.

4.2 Rhaid i farnau a chredoau crefyddol y rheiny sy'n perthyn i grefydd neu enwad crefyddol penodol beidio bod yn destun camdriniaeth.

4.3 Lle mae crefydd neu enwad crefyddol yn destun, neu'n un o destunau, rhaglen grefyddol, yna rhaid i adnabyddiaeth y grefydd a/neu enwad fod yn glir i'r gynulleidfa.

4.4 Rhaid i raglenni crefyddol beidio â cheisio hyrwyddo barnau neu gredoau crefyddol yn llechwraidd.

4.5 Rhaid i raglenni crefyddol ar wasanaethau teledu beidio â chwilio am recriwtiaid. Nid yw hyn yn berthnasol i wasanaethau teledu crefyddol arbenigol. Gall rhaglenni crefyddol ar y radio chwilio am recriwtiaid.

Ystyr 'chwilio am recriwtiaid':

Mae chwilio am recriwtiaid yn golygu apelio'n uniongyrchol i aelodau'r gynulleidfa i ymuno â chrefydd neu enwad crefyddol.

4.6 Rhaid i raglenni crefyddol beidio ag ecsbloetio'n amhriodol unrhyw deimladau gan y gynulleidfa.

4.7 Rhaid i raglenni crefyddol sy'n cynnwys honiadau bod gan berson byw (neu grŵp) bwerau neu alluoedd arbennig ymdrin â honiadau felly â gwrthrychedd dyladwy, a rhaid iddynt beidio â darlledu honiadau felly pan ellir disgwyl i niferoedd sylweddol o blant fod yn gwylio (yn achos teledu), neu pan fydd plant yn arbennig o debygol o fod yn gwrando (yn achos y radio).

Bwriad y canllawiau yma yw hyrwyddo darlledu crefyddol mewn cyd-destun aml-ddiwylliannol. Maen nhw'n cael eu hegluro ymhellach mewn canllawiau anstatudol sy'n edrych ar agweddau neilltuol o'r cod ac yn rhoi mwy o fanylion i helpu i egluro rhai agweddau pwysig.

I'w ystyried

1 **Meddyliwch am y rhaglenni y byddwch yn eu gwylio ar y teledu.**

2 **Faint o ddylanwad sydd ganddyn nhw ar y ffordd rydych yn dewis byw eich bywyd?**

3 **A ydych chi credu y dylai rhaglenni teledu fod â rhan mewn hyrwyddo syniadau crefyddol?**

Enghreifftiau o ddarlledu penodol grefyddol

Dechrau Canu, Dechrau Canmol

Aled Jones, gwestai ar Dechrau Canu, Dechrau Canmol

Rhaglen sy'n cael ei darlledu bob nos Sul o ganu cynulleidfaol Cristnogol a sgyrsiau gyda phobl am eu ffydd. Y rhaglen hon ar S4C yw un o'r rhaglenni sydd wedi rhedeg hiraf ar unrhyw sianel deledu Brydeinig. Cafodd y rhifyn cyntaf ei ddarlledu o Gapel y Drindod, Abertawe ym 1961 ac ysbrydolodd y rhaglen honno raglen debyg yn yr iaith Saesneg, *Songs of Praise*, a gychwynnodd yn ddiweddarach y flwyddyn honno. Cafodd y rhaglen ei hailwampio ym mis Medi 2006 gyda thîm newydd ac amrywiol o gyflwynwyr. Mae'r rhaglen yn dathlu gwyliau a dyddiadau arbennig yn y calendr Cristnogol ac achlysuron cenedlaethol a rhyngwladol pwysig.

Tasg

Tasg ymchwil	Gan ddefnyddio'r wefan www.s4c.co.uk/dechraucanu/c_index, ceisiwch ddysgu rhywfaint am hanes *Dechrau Canu, Dechrau Canmol*, a sgrifennwch adroddiad yn dangos sut mae wedi datblygu fel enghraifft o raglen benodol grefyddol.

The Heaven and Earth Show

Rhaglen a gafodd ei darlledu bob bore Sul am naw mlynedd gan BBC1, gyda fformat gylchgrawn ac agwedd aml-gred. Byddai cynrychiolwyr gwahanol grefyddau, yn ogystal ag agnosticiaid neu anghredinwyr, yn aml yn cael eu cynnwys yn y drafodaeth stiwdio, ac roedd gwesteion o bob rhan o sbectrwm cred yn beth cyffredin, a oedd yn wahanol iawn i raglenni crefyddol blaenorol ar deledu Prydeinig.

The Heaven and Earth Show

Roedd enwogion byd adloniant yn cael eu gwahodd i fod ar y sioe i drafod materion yn ymwneud â barn am grefydd neu foeseg – ymddangosodd Dolly Parton, Pierce Brosnan, John Barrowman a Lionel Richie. Roedd ei fformat yn un rhyngweithiol, byw ac ar y cychwyn, gallai gwylwyr ffonio'r sioe; yn ddiweddarach, gellid tecstio ac ebostio hefyd.

Cymerwyd lle *The Heaven and Earth Show* yn hydref 2007 gan *The Big Questions*, a fabwysiadodd fformat panel i drafod problemau crefyddol a moesol a chwestiynau mawr – fformat tebyg i raglenni trafod gwleidyddol fel *Pawb a'i Farn* a *Question Time*. Mae enwogion byd adloniant wedi ymddangos ar y sioe hon hefyd – dyfais fwriadol gan y rhai sy'n gwneud y rhaglen i gael y gwylwyr i weld fod ganddyn nhw rywbeth yn gyffredin o ran cred gyda phobl nad ydym fel arfer yn ystyried fod ganddyn nhw safbwynt crefyddol neu foesol arbennig (oherwydd cyd-destun y byd maen nhw'n dewis gweithio ynddo).

Pwnc seminar

A ydy enwogion byd adloniant yn helpu pobl i ymgysylltu â safbwyntiau crefyddol a moesol?

Highway

Am gyfnod o ddeng mlynedd, o 1983 i 1993, y rhaglen hon oedd ateb ITV i *Songs of Praise*. Fformat y sioe oedd emynau'n cael eu canu gan wahanol grwpiau ac unawdwyr a chyfweliadau gyda chredinwyr. Teithiodd y sioe ledled Prydain i gwrdd â gwahanol bobl mewn gwahanol gymunedau lle bydden nhw fel arfer yn cael eu cyfweld gan y Cymro, y diweddar Syr Harry Secombe, cyflwynydd y sioe. Arferai *Highway* gael ei ddarlledu'n gynnar gyda'r nos ar nos Sul, ond tuag at ddiwedd ei hanes, symudodd i brynhawn Sul.

Harry Secombe, o Abertawe – un o gyflwynwyr rhaglenni crefyddol mwyaf poblogaidd yr 20fed ganrif

Rhaglenni dogfen

Er mwyn denu cynulleidfa fwy eang ar gyfer darlledu penodol grefyddol, mae nifer o wneuthurwyr rhaglenni wedi mynd ati mewn ffordd wahanol. Mae llawer o hyn wedi bod ar ffurf rhaglenni dogfennol, yn amrywio o raglenni cwbl ffeithiol i rai 'pry-ar-y-wal'. Mae pynciau fel troëdigaeth a phriodas mewn Iddewiaeth; 'Bendith Toronto'; genedigaeth a marwolaeth Iesu o Nasareth; y Mormoniaid; Cristnogion hoyw yng Nghymru'r 21ain ganrif, ac yn y blaen oll wedi cael eu trafod o fewn y fformat yma. Mae rhaglenni fel *Everyman, Despatches* a *Witness* wedi cyflwyno rhaglenni pwysig â themâu crefyddol a moesol. Mae'r ffigurau gwylio ar gyfer pob un o'r rhaglenni hyn yn awgrymu fod diddordeb gan y cyhoedd ehangach. Bydd y fath raglenni, felly, yn parhau i gael eu gwneud i ateb y galw amlwg hwn.

Pwnc seminar

Beth ydych chi'n feddwl oedd prif bwrpas y sioeau uchod? Ydych chi'n credu iddyn nhw lwyddo yn y bwriad hwnnw?

Mae'n bwysig sylweddoli hefyd fod sianeli penodol ddogfennol fel *The History Channel, Discovery* a *National Geographic* yn darlledu rhaglenni dogfen penodol grefyddol yn gyson, ac yn gynyddol. Mae rhaglenni 'realiti' crefyddol eraill wedi denu cynulleidfa eang hefyd, yn cynnwys *The Monastery; An Island Parish* ac *Extreme Pilgrim*.

Pwnc seminar

Pa mor effeithiol yw rhaglenni 'realiti' crefyddol (e.e. An Island Parish, The Monastery, ac ati) o ran hyrwyddo credoau, gwerthoedd a thraddodiadau crefyddol penodol i gynulledfa deledu?

Heblaw am y sianeli daearol rhad-ar-yr-awyr, mae dyfodiad teledu lloeren/digidol wedi chwyldroi'r cynnwys sydd ar gael i wylwyr teledu yr 21ain ganrif. Mae cyfoeth o sianeli ar gyfer pob diddordeb, a dydy crefydd ddim yn eithriad. Mae'r sianeli digidol sydd ar gael ym Mhrydain yn cynnwys nifer o sianeli penodol grefyddol, gyda'r ganran fwyaf yn sianeli Cristnogol ar hyn o bryd. Mae darpariaeth debyg o orsafoedd penodol grefyddol ar y radio hefyd.

Mae'r wefan **www.ChristianSat.org.uk** yn cadw rhestr o'r sianeli Cristnogol sydd ar gael yn y DU ar hyn o bryd (17 ar adeg sgrifennu'r bennod yma). Maen nhw'n perthyn i wahanol enwadau, ac yn deillio o wahanol wledydd, gyda Christnogaeth efengylaidd yn flaenllaw iawn.

Tasg

Tasg ymchwil	Gan ddefnyddio'r cyfeiriad gwe 'ChristianSat' (uchod), sgrifennwch am fanylion y gynulleidfa mae pump o'r sianeli hyn yn anelu ati. Disgrifiwch gynnwys eu hamserlenni darlledu oriau brig. A oes tebygrwydd rhwng y gwahanol sianeli neu a ydyn nhw'n wahanol iawn? Eglurwch eich canlyniadau yn eich grŵp dysgu.

Mae traddodiadau crefyddol eraill yn cael lle ar yr awyr ar nifer gynyddol o sianeli ar gyfer crefyddau penodol (e.e. mta – teledu Mwslimaidd; sianel Punjab; sianel Islam; Zee TV, ac ati). Un o nodweddion diddorol llawer o'r sianeli yma yw bod y grefydd ynghlwm wrth iaith y gymuned ac felly, yn ei hanfod, mae'n tueddu i fod yn benodol ar gyfer y gymuned ffydd neilltuol honno.

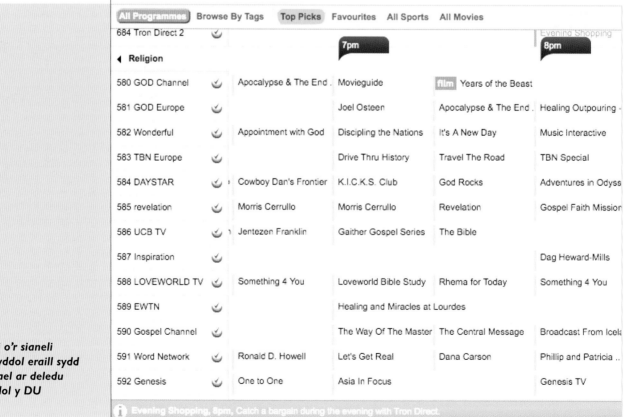

			7pm	8pm
All Programmes	Browse By Tags	**Top Picks**	Favourites All Sports All Movies	Evening Shopping
684 Tron Direct 2				
◀ Religion				
580 GOD Channel		Apocalypse & The End .	Movieguide	**film** Years of the Beast
581 GOD Europe			Joel Osteen	Apocalypse & The End . Healing Outpouring -
582 Wonderful		Appointment with God	Discipling the Nations	It's A New Day Music Interactive
583 TBN Europe			Drive Thru History	Travel The Road TBN Special
584 DAYSTAR		Cowboy Dan's Frontier	K.I.C.K.S. Club	God Rocks Adventures in Odyss
585 revelation		Morris Cerullo	Morris Cerullo	Revelation Gospel Faith Mission
586 UCB TV		Jentezen Franklin	Gaither Gospel Series	The Bible
587 Inspiration				Dag Heward-Mills
588 LOVEWORLD TV		Something 4 You	Loveworld Bible Study	Rhema for Today Something 4 You
589 EWTN			Healing and Miracles at Lourdes	
590 Gospel Channel			The Way Of The Master	The Central Message Broadcast From Icela
591 Word Network		Ronald D. Howell	Let's Get Real	Dana Carson Phillip and Patricia ..
592 Genesis		One to One	Asia In Focus	Genesis TV

ⓘ Evening Shopping, 8pm, Catch a bargain during the evening with Tron Direct.

Rhai o'r sianeli crefyddol eraill sydd ar gael ar deledu digidol y DU

Mae hyn yn arbennig o wir am gymunedau Hindŵaidd, Mwslimaidd a Sikhaidd, er bod rhaglenni cylchgrawn ar gael ar yr holl rwydweithiau hyn sy'n tueddu i fod ym mhrif iaith y wlad. Mae is-deitlau Saeneg yn nodwedd gyffredin ar lawer o'r sianeli hyn, sy'n adlewyrchu'r ffaith mai'r Saesneg yw'r unig iaith mae cyfran sylweddol o gynulleidfa'r sianeli hyn yn rhugl ynddi. Mae hyn yn gyffredin iawn ymhlith aelodau iau rhai cymunedau ffydd.

Cynrychioli crefydd ar y teledu – trafod dwys neu ddefodau traddodiadol?

Tasg

Tasg sgrifennu	'Dylai sianeli crefyddol fod mor gynhwysol â phosibl, er mwyn denu'r gynulleidfa ehangaf bosibl.' Trafodwch y safbwynt yma.

Dyfodol posibl i ddarlledu penodol grefyddol yn y DU

Tra bod *Dechrau Canu, Dechrau Canmol* a *Songs of Praise* yn dal i gael eu darlledu, dydy rhaglenni penodol grefyddol eraill ddim wedi para mor hir. Mae'r cwestiwn hwn wedi bod yn destun ymchwil fanwl, ac mae'r ateb wedi bod yn gryf o blaid cynnwys crefyddol. Yr agwedd sydd fel pe bai wedi newid yn y deg mlynedd diwethaf yw'r modd mae gweithredwyr cwmnïau teledu wedi diffinio darlledu penodol grefyddol.

Yn flaenorol, roedd y diffiniad hwnnw braidd yn gul. Roedd rhaglenni yn tueddu i fod yn ddrych i oedfaon a digwyddiadau neilltuol, cyfweliadau gyda phobl, a chyflwyno crefydd yn syml iawn. Yn y blynyddoedd diwethaf, yn rhannol oherwydd pwysau cynyddol gan y cyhoedd. mae'r diffiniad o ddarlledu penodol grefyddol wedi cael ei ehangu i gynnwys, ymhlith pethau eraill, agwedd fwy addysgol ac ymchwilgar tuag at grefydd.

Roedd adroddiad Ofcom ym mis Mai 2005 hefyd yn nodi fod gwylwyr yn gofyn am dri prif fath o ddarlledu crefyddol, sef:

1 Rhaglenni addoli

Teimlai'r rhai a ymatebodd i arolwg Ofcom ei bod hi'n iawn bod â rhaglen a oedd yn dangos addoli mewn oedfa, ar batrwm yr hen ffefrynnau *Dechrau Canu* neu *Songs of Praise*. Doedd dim rhaid i hynny fod o un traddodiad yn unig, ond gallai ddeillio o unrhyw un o'r traddodiadau crefyddol a geir yn y DU heddiw. Roedd pobl yn credu eu bod hi'n iawn cyfweld â phobl grefyddol hefyd, er mwyn dangos sut roedd eu 'ffydd yn effeithio ar eu bywydau, eu diwylliant a bywyd ar ei ystyr ehangaf'.

2 Rhaglenni gwybodaeth

P'run ai eu bod o gefndir crefyddol neu beidio, roedd pawb a ymatebodd i arolwg Ofcom am weld mwy o raglenni yn rhoi gwybodaeth am faterion, credoau ac arfer crefyddol yn y byd modern. Roedd rhai'n mynegi pryder fod llawer o'r wybodaeth a oedd yn cael ei rhoi ar hyn o bryd yn tueddu i ganolbwyntio ar eithafwyr neu stereoteipiau, a'r farn oedd y byddai golwg fwy gwrthrychol ar y traddodiadau crefyddol hyn yn helpu i fagu dealltwriaeth ehangach o wahanol fathau o ffydd ac arfer, gan ennyn mwy o oddefgarwch tuag at y traddodiadau yma.

Roedd pobl o'r farn fod rhaglenni dogfen yn ffordd arbennig o dda o gyfleu gwybodaeth am agweddau ar fywydau pobl sydd 'yn gyffredin i bob ffydd, ond sydd yn cael eu perfformio mewn ffordd wahanol, e.e. priodasau, angladdau'. Nodwyd fod digwyddiadau mawr, fel ymosodiad yr 11eg o Fedi 2001, yn ysgogi mwy o alw am y fath raglenni addysgol. Roedd yr ymatebwyr hefyd am weld rhaglenni teledu ar hanes y byd, drwy lygaid gwahanol draddodiadau crefyddol. Y farn oedd fod rhaglenni fel *Witness* ac *Everyman* yn arbennig o dda am ateb y gofynion yma.

3 Cynnwys mewn rhaglenni prif-ffrwd

Fel y nodwyd yn y ddwy bennod flaenorol, mae crefydd yn chwarae rhan mewn rhaglenni sydd heb fod yn benodol grefyddol. Fodd bynnag, dangosai'r arolwg fod pobl yn credu fod y ffordd bresennol o bortreadu traddodiadaiu crefyddol o fewn darlledu prif-ffrwd yn rhy arwynebol, ystrydebol ac, ar y gwaethaf, yn ddi-fudd. Y teimlad oedd fod angen adlewyrchu mewn ffordd real 'faint o bobl sy'n credu, a pha ran mae ffydd yn ei chwarae yn eu bywyd a'u penderfyniadau bob dydd' fel bod y gwylwyr yn derbyn darlun mwy cywir o fywyd ym Mhrydain a sut mae pobl grefyddol yn ymateb iddo. Nodwyd yn enwedig fod defnyddio operâu sebon yn ffordd ardderchog o gyfleu gwybodaeth am 'negeseuon moesol', yn enwedig i wylwyr iau. Y ffaith fod teledu yn gyfrwng cyfathrebu mor effeithiol oedd un o'r prif resymau y dylai gymryd ei swyddogaeth mewn cyflwyno syniadau moesol a chrefyddol cywir yn fwy o ddifrif nag y mae ar hyn o bryd.

Roedd y syched yma am gynnwys crefyddol mewn rhaglenni fel pe bai'n dangos, tra bod llai a llai o bobl yn mynychu addoldai traddodiadol yn y DU, nad yw diddordeb mewn materion crefyddol a moesol wedi lleihau. (Mae Adran 3 yn y llyfr yma yn ymdrin â'r mater yma yn fwy manwl.) Yr her i'r rhwydweithiau teledu yw sut i ymateb i'r diddordeb amlwg yma ymhlith eu gwylwyr.

Pam, yn eich barn chi, y mae hi'n bwysig dysgu i blant ifanc am wahanol grefyddau?

Tasg

Tasg ymchwil	Gan ddefnyddio cylchgrawn sy'n rhestru rhaglenni teledu, ceisiwch ddod o hyd i o leiaf dair enghraifft o ddarlledu penodol grefyddol – ar draws yr holl rwydweithiau – sy'n ffitio i mewn i'r categorïau uchod. Eglurwch yn gryno pam mae pob rhaglen yn perthyn i'w chategori neilltuol.

Rhaglenni penodol grefyddol mewn darlledu nad yw'n benodol grefyddol

Yn y blynyddoedd diwethaf mae trefnwyr rhaglenni wedi bod yn fwyfwy creadigol yn y ffordd maen nhw wedi cyflwyno crefydd i'r gwylwyr. Mae rhaglenni ar gyfer plant ifanc wedi ymweld â gwahanol gymunedau ffydd, eu dangos a'u hegluro i'w gwylwyr drwy gyfrwng eu gwyliau a'u defodau – gan ddangos y delweddau lliwgar sydd yn aml yn gysylltiedig â'r digwyddiadau hynny i greu mwy o ddealltwriaeth o wahanol ddiwylliannau a chredoau. Mae arweinwyr cymunedau ffydd sydd ar baneli cynghori'r rhwydweithiau teledu, wedi croesawu'r cyfleoedd hyn fel enghreifftiau positif o grefydd ar y teledu.

Mae enghreifftiau eraill yn cynnwys unigolion a chymunedau crefyddol yn cael eu dangos wrth fynd heibio mewn rhaglenni rheolaidd fel operâu sebon, cyfresi drama, rhaglenni dogfen (fel y rhai ar *The History Channel* a *National Geographic*), a hyd yn oed comedïau, fel *Teulu'r Mans*. Roedd *The Vicar of Dibley* yn bwrw golwg ysgafngalon ar fater dadleuol iawn yn Eglwys Loegr (a'r Eglwys yng Nghymru) pan gafodd ei ddangos am y tro cyntaf – ordeinio menywod yn offeiriaid. Mae *Goodness Gracious Me* a *The Kumars at No 42* ill dau wedi ymdrin â materion yn gysylltiedig â chymunedau ffydd Asiaidd (Hindŵaeth, Islam a Sikhaeth, yn enwedig) ym Mhrydain, gan ddefnyddio hiwmor addfwyn, hunanfychanol

bron. Yn 2007, dangosodd un o rwydweithiau Canada am y tro cyntaf y gomedi *Little Mosque on the Prairie* (chwarae ar eiriau bwriadol, yn adleisio'r gyfres deledu enwog, *Little House on the Prairie* a ddarlledwyd o 1974 i 1983).

Mae *Little Mosque on the Prairie* yn adrodd hanes cymuned fach o Fwslimiaid sy'n byw yn un o drefi bach y paith yng Nghanada a'r treialon maen nhw'n eu hwynebu yno – o fewn eu cymuned eu hunain yn ogystal â gyda chymuned ehangach y dref. Yma eto, gan ddefnyddio cymysgedd o gomedi addfwyn a hiwmor hunanfychanol, mae'r sioe wedi edrych ar rai o'r materion sydd wedi achosi'r fath broblemau anferth i Fwslimiaid yn y Gorllewin, a'u cyflwyno mewn ffordd sy'n cael gwared o'r mythau sydd wedi achosi cymaint o dyndra cymdeithasol a gwleidyddol ers digwyddiadau'r 11eg o Fedi 2001.

Mae comedi'n ffordd ddefnyddiol o egluro crefydd i bobl mewn ffordd anfygythiol

Tasg

a. Disgrifiwch brif nodweddion darlledu penodol grefyddol.

b. 'Mae darlledu penodol grefyddol yn hanfodol yn ein byd ni heddiw'.

Aseswch y farn yma.

Geirfa

daearol	Rhwydweithiau BBC1, BBC2, ITV1, S4C (Sianel 4 yn Lloegr) a C5
hunanfychanol	Yn gallu gwneud hwyl am eich gwendidau eich hunan
Ofcom	Y corff rheoliadol sy'n goruchwylio darlledu ar y teledu.
teledu rhad-ar-yr-awyr	Disgrifiad o unrhyw sianel deledu lle nad oes rhaid i'w gwylwyr dalu am wylio rhaglenni.

Crefydd a Chymuned

Nod yr adran

Mae'r adran hon yn gofyn i chi ystyried amrywiaeth o syniadau am ddylanwad crefydd mewn cymdeithas, ffenomenon ffwndamentaliaeth grefyddol, ac ymddangosiad mudiadau crefyddol newydd.

Mae hyn yn golygu y bydd yn rhaid i chi ystyried y materion allweddol a ganlyn:

◗ *diffinio crefydd;*

◗ *y syniad o seciwlareiddio a chwe prif elfen hynny;*

◗ *y rhesymau dros ymddangosiad ffwndamentaliaeth;*

◗ *nodweddion ffwndamentaliaeth;*

◗ *y rhesymau pam mae mudiadau crefyddol newydd yn cychwyn;*

◗ *nodweddion mudiadau crefyddol newydd.*

Seciwlareiddio

Nod

Ar ôl astudio'r bennod yma, dylech fod yn gallu dangos gwybodaeth a dealltwriaeth o'r gwahanol ddiffiniadau o grefydd a chwe elfen sylfaenol seciwlareiddio. Dylech hefyd fod yn gallu deall y dystiolaeth gyferbyniol am y graddau o seciwlareiddio ym Mhrydain a gallu darganfod faint o ddylanwad sydd gan grefydd ar gymdeithas gyfoes.

Seciwlareiddio yw'r enw ar y ffordd mae pwysigrwydd a dylanwad crefydd mewn cymdeithas yn mynd yn llai. Efallai fod y dirywiad i'w weld yn amlwg mewn rhai ffyrdd, ond mae trafodaeth fywiog wedi bod ar y pwnc yma ers y 1960au.

Os ydych chi am wybod faint o eiriau sydd ar gyfartaledd ar dudalen yn y llyfr yma, yn gyntaf bydd arnoch angen diffiniad clir o beth ydy gair. A ydych chi'n cyfrif talfyriad (fel e.e.) fel gair? A ydy rhif (e.e. 224,000) yn ffurfio un gair? A ydy geiriau â chysylltnod (fel rhyng-enwadol) yn un air neu'n ddau? Cyn i chi allu cyfrif neu fesur rhywbeth, rhaid i chi fod â diffiniad clir a manwl o beth rydych yn ei fesur. Cyn i chi allu mesur dirywiad crefydd mewn cymdeithas gyfoes, rhaid i chi ddefnyddio diffiniad cyson a manwl-gywir o grefydd.

Beth ydy crefydd?

Tasg

Tasg sgrifennu	Sgrifennwch frawddeg yn diffinio crefydd yn eich geiriau eich hunan. Cymharwch eich diffiniad chi â rhai eraill yn y grŵp.
	Dyma rai diffiniadau gan bobl sydd wedi astudio crefydd mewn cymdeithas.
	[Rhowch bob diffiniad mewn blwch gwahanol gyda sylwadau ar y diffiniad y tu allan i'r blwch]

"Mynegiant mewn un ffurf neu'r llall o deimlad o ddibyniaeth ar bŵer y tu allan i ni'n hunain, pŵer y gallwn gyfeirio ato fel pŵer ysbrydol neu foesol."
(Radcliffe-Brown)

Mae pob crefydd bron yn credu mewn Bod neu Fodau pwerus. A ydy cred mewn duw neu dduwiau yn hanfodol er mwyn i rywbeth fod yn grefydd? A ydy hi'n bosibl bod yn grefyddol heb gredu mewn duw? Mae'n ddiddorol fod Bwdhaeth yn un o chwe prif grefydd y byd er nad ydy'r rhan fwyaf o Fwdhyddion yn credu mewn unrhyw dduw.

"Teimladau, gweithredoedd a phrofiadau dynion unigol yn eu hunigedd, i'r graddau y maen nhw'n amgyffred eu bod yn sefyll mewn perthynas â beth bynnag maen nhw'n ei gredu ydy'r dwyfol."

(William James)

Yn y diffiniad yma, mae'r gair 'dynion' yn cael ei ddefnyddio mewn ffordd gyffredinol i olygu pobl, a dydy'r gair 'dwyfol' ddim o anghenraid yn golygu Bod Dwyfol yn unig. Gallai'r diffiniad yma yn sicr gynnwys Bwdhyddion a Seientolegwyr (*Scientologists*). Mae'r pwyslais ar brofiad personol a dealltwriaeth unigol. Ac eto, ydy crefydd yn ddim byd mwy na dim ond ymateb personol?

"Ymgais i lunio system holl-gynhwysol o ystyr."

(Berger a Luckmann)

Mae'n wir fod pob crefydd yn ceisio archwilio ystyr bywyd ac yn ceisio egluro pam rydyn ni yma a pam mae bywyd fel y mae. Ond gallai'r fath ddiffiniad eang gynnwys Marcswyr a rhai sydd ag athroniaeth bywyd sydd yn wrth-grefyddol, pobl a fyddai'n gwrthod y label 'crefyddol'.

"Set o ffurfiau a gweithredoedd symbolaidd sy'n cysylltu dyn â chyflwr eithaf ei fodolaeth."

(Bellah)

Mae'r diffiniad yma yn pwysleisio agweddau defodol. Mae'n wir fod seremonïau, defodau tyfiant a chyrddau addoli yn aml yn rhan bwysig o grefydd, ond mae crefydd yn llawer mwy na dim ond gweithredoedd symbolaidd.

"System unedig o gredoau ac arferion yn ymwneud â phethau cysegredig . . . sydd yn uno mewn un undod moesol, a elwir yn eglwys, pawb sydd yn glynu wrthynt."

(Durkheim)

Tra'n cydnabod fod crefydd yn gyfuniad o gred ac arfer, mae'r ffordd yma o ddeall crefydd nid yn unig yn canolbwyntio ar Gristnogaeth ond hefyd yn pwysleisio'r agweddau ffurfiol, cymdeithasol a sefydliadol. Mae'n codi'r cwestiwn p'run ai a oes rhaid i rywun berthyn i gymuned grefyddol er mwyn bod yn grefyddol.

Ffenomenon yn cynnwys pump *"dimensiwn craidd – credoau, arferion, profiadau, gwybodaeth a chanlyniadau"*.

(Glock a Stark)

Mae'r diffiniad yn adlewyrchu cymhlethdod crefydd. Mae credoau yn athrawiaethau; mae arferion yn cynnwys addoli, gweddïo a defodau; mae profiadau yn cynnwys teimlo ofn a rhyfeddod, a chanfyddiad o'r goruwchnaturiol; mae gwybodaeth yn dod o straeon crefyddol; ac mae canlyniadau yn cyfeirio at ymddygiad moesol a chymdeithasol.

Dydy cymdeithasegwyr ddim yn cytuno ynglŷn â beth ydy crefydd. Mae rhai diffiniadau yn ehangach, yn llai manwl ac yn fwy cynhwysol nag eraill. Mae rhai'n meddwl mai sefydliadau, cymunedau a defodau yw'r ffordd orau o roi ffurf i grefydd, tra bod eraill yn ymdrin â chrefydd o safbwynt cred a phrofiad yn bennaf.

Pwnc seminar

Wrth drafod seciwlareiddio, beth ydy canlyniadau tebygol y ffaith nad oes un diffiniad mae pawb yn cytuno arno o grefydd?

Pwnc seminar

A oes angen credu mewn duw neu dduwiau i fod yn grefyddol?

Beth ydy seciwlareiddio?

Fel gyda diffinio crefydd, mae problemau ynghlwm wrth geisio diffinio seciwlareiddio. Er ei fod yn amlwg yn gysylltiedig â'r argraff fod crefydd yn mynd yn llai pwysig ac yn llai perthnasol, mae gwahanol gymdeithasegwyr yn deall y mater mewn gwahanol ffyrdd. Dyma rai o'r gwahanol ystyron a nodwyd:

- lleihad yn y dylanwad sydd gan sefydliadau, athrawiaeth a symbolau crefyddol;

- mwy o bwyslais ar fyd materyddol y presennol;

- gwahanu gwerthoedd crefyddol oddi wrth fywyd cenedlaethol a gwleidyddol;

- crefydd heb fod yn ffynhonnell gwybodaeth nac yn ysgogiad i ymddwyn bellach;

- pwyslais canolog ar ddynoliaeth, natur a'r rheswm ar draul y cysegredig a'r ysbrydol;

- parodrwydd cyffredinol i dderbyn y newid o gymdeithas grefyddol i un seciwlar.

Tair problem arall yn gysylltiedig ag archwilio ystyr seciwlareiddio yw:

- gallwn fesur faint o weithgaredd crefyddol sy'n digwydd (fel nifer sy'n mynychu gwasanaethau crefyddol a defodau arbennig), ond mae'n fwy anodd barnu beth mae hynny'n ei olygu – ydy rhywun sy'n priodi mewn capel neu eglwys yn fwy crefyddol o anghenraid na rhywun sy'n priodi rywle arall?

- mae tystiolaeth yn awgrymu mai ychydig o gyfatebiaeth sydd mewn cymdeithas gyfoes rhwng cred grefyddol ac arfer crefyddol – yn UDA, ceir graddfeydd uchel o bobl yn mynychu oedfaon ond cyfraddau is o gred grefyddol, lle mae'r gwrthwyneb yn wir am y DU.

- gall trefn wleidyddol cymdeithas ei gwneud hi'n anodd darganfod pa mor grefyddol yw cymdeithas mewn gwirionedd – mewn unbennaeth grefyddol fel Iran, dydy gwrthwynebiad i'r grefydd wladol ddim yn dderbyniol.

Mesur i ba raddau mae cymdeithas wedi ei seciwlareiddio

Mae mesur faint o seciwlareiddio sydd wedi digwydd yn golygu cymharu cymdeithasau'r gorffennol â rhai'r presennol. Mae chwe dangosydd yn cael eu defnyddio fel rheol:

(i)   gostyngiad yn aelodaeth sefydliadau crefyddol, a llai o bobl yn eu mynychu;

(ii) llai o ddylanwad gan grefydd ar gymdeithas;

(iii) twf syniadau rhesymegol a gwyddonol;

(iv) twf lluosedd grefyddol;

(v) seciwlareiddio sefydliadau crefyddol;

(vi) ymddangosiad cyfryngau torfol.

Tra'n cydnabod y gall pethau fod yn wahanol mewn cymdeithasau mewn rhannau eraill o'r byd, fel fyddwn ni'n archwilio'r seciwlareiddio a fu yn ein cymdeithas ein hunain. Gan mai dim ond yn y tri neu bedwar degawd diwethaf y daeth crefyddau eraill heblaw am Gristnogaeth yn amlwg yn ein cymdeithas, edrych ar Gristnogaeth yw'r ffordd orau o fesur seciwlareiddio.

(i) Lleihad yn aelodaeth sefydliadau crefyddol, a llai o bobl yn eu mynychu

Mae llai a llai o bobl yn ein cymdeithas yn mynd i wasanaeth crefyddol. Yn y traddodiad Cristnogol, mae llai'n cael eu bedyddio, eu derbyn yn aelodau, ac yn mynd yn aelodau gweithgar. Mae llai o weinidogion ac offeiriaid bellach. Mae cyfran lai o'r boblogaeth yn dewis priodi yn y capel neu'r eglwys, gyda dau-draean yn dewis seremoni sifil, anghrefyddol. Mae'r ganran o boblogaeth Prydain sy'n mynychu oedfa o leiaf unwaith yr wythnos wedi disgyn o ryw 35% ar ddechrau'r ugeinfed ganrif i 20% ym 1950, 10% ym 1970 ac ychydig dros 6% yn 2005. Yng Nghymru, gostyngodd y nifer sy'n mynychu eglwys o bumed rhan bron rhwng 2001 a 2006 yn ôl adroddiad diweddar gan yr Eglwys yng Nghymru.

Crynhowch y siartiau yma mewn brawddeg

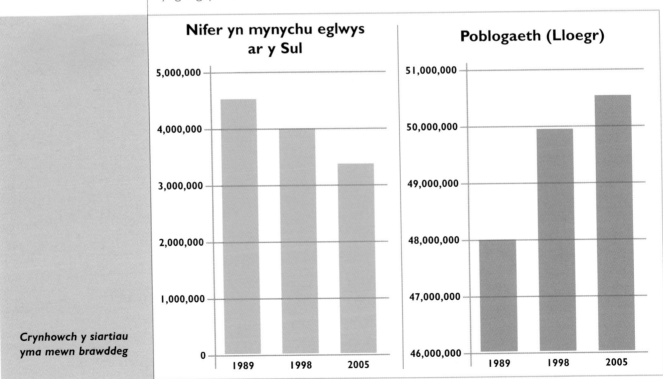

Ond mae nifer o broblemau gyda'r fath ystadegau:

- dydy cael eu bedyddio a'u derbyn yn aelodau ddim yn golygu y bydd pobl o anghenraid yn parhau i arfer ffydd grefyddol pan fyddan nhw'n oedolion;

- y brif dystiolaeth am arfer crefyddol yn y 19eg ganrif yw Cyfrifiad Crefyddol 1851, ond rhaid trafod ei ffigyrau â gofal gan eu bod yn seiliedig ar faint a fynychodd eglwys ar un dydd Sul arbennig, ac mae'n ymddangos mai amcangyfrifon yw'r ffigyrau ar gyfer nifer o eglwysi unigol;

- does dim meini prawf mae pawb yn gytûn arnyn nhw ar gyfer mesur ffigyrau aelodaeth gwahanol enwadau – er enghraifft, mae unrhyw rai a gafodd eu bedyddio yn yr Eglwys Babyddol neu sy'n mynychu'r offeren yn gyson yn cael eu cyfrif yn aelod o'r Eglwys honno, ond dim ond rhai a ymunodd yn oedolion mewn gwasanaeth aelodaeth sy'n cael eu cyfrif yn aelodau yn yr Eglwys Fethodistaidd;

- mae'n bosib fod rhywfaint o'r lleihad yn y nifer sy'n mynychu capel neu eglwys yn adlewyrchu'r ffaith fod llai o bobl yn mynd i oedfa ddwywaith ar y Sul;

- dydy gostyngiad yn y niferoedd sy'n addoli'n gyhoeddus ddim o anghenraid yn golygu lleihad mewn cred grefyddol – yn y gorffennol, roedd pobl yn fwy tebygol o fynychu gwasanaeth crefyddol o ddyletswydd, neu oherwydd pwysau teuluol a phwysau cymdeithasol nag o ymrwymiad crefyddol, a heddiw, dydy'r ffaith nad yw rhywun yn mynd i gapel neu eglwys ddim o anghenraid yn golygu nad yw'n credu.

Tasg

Tasg ymchwil	Dewch o hyd i set o ystadegau diweddar am weithgaredd crefyddol yng Nghymru neu Brydain. Cyflwynwch y rhain fel siart neu graff a nodwch beth maen nhw'n ei awgrymu am gyflwr crefydd mewn cymdeithas.

(ii) Llai o ddylanwad gan grefydd ar gymdeithas

Mae llawer o arwyddion o'r lleihad yn nylanwad crefydd ar gymdeithas. Ar un adeg, sefydliadau crefyddol y byd oedd yn cynnig addysg, triniaeth feddygol ac yn helpu pobl dlawd. Ym Mhrydain roedd gweithgareddau sydd yn awr yn rhan o waith llywodraeth leol neu'r llywodraeth ganol wedi eu rheoli gan yr eglwys – yn enwedig ym meysydd addysg a lles cymdeithasol. Yn ystod yr 20fed ganrif, lleihau a wnaeth cyfraniad yr Eglwys wrth i ddemocratiaeth a phleidiau gwleidyddol ddatblygu. Aeth y cysylltiadau rhwng pleidiau gwleidyddol yn fwy cudd neu'n fwy arwynebol: 'dydyn ni ddim yn gwneud Duw' meddai un o gynghorwyr y cyn-Brif Weinidog Prydeinig, Tony Blair. Mae'r eglwys bellach yn chwarae rhan grŵp pwyso. Mae gan glerigwyr lai o statws ac mae'r rhan fwyaf o bobl yn anwybyddu eu barn. Mae'r rhan fwyaf o bobl yn penderfynu beth sy'n iawn neu beidio ar sail eu cydwybod a'u teimladau eu hunain. Mae dysgeidiaeth grefyddol draddodiadol am sancteiddrwydd priodas, sancteiddrwydd bywyd, a phwrpas rhyw bellach yn cael ei hanwybyddu i raddau helaeth gan gymdeithas sydd wedi hwyluso ysgariad, ei gwneud hi'n haws cael erthyliad, a rhoi hawliau i bobl hoyw.

A ydy ysgolion crefyddol yn rhannu cymuned?

Ond dydy dylanwad crefydd ar gymdeithas ddim wedi diflannu'n llwyr, o bell ffordd. Er enghraifft mae brenin neu frenhines y Deyrnas Unedig yn dal i fod yn Amddiffynnydd y Ffydd ac yn Bennaeth Eglwys Loegr, ac mae esgobion yn chwarae rhan sylweddol yn y dadleuon yn Nhŷ'r Arglwyddi. Mae llawer o ysgolion yn sefydliadau crefyddol ac mae rhai newydd yn dal i gael eu hagor. Mae llawer o gymunedau crefyddol unigol yn dal i fod yn weithgar iawn ym maes gofal cymdeithasol – nid Byddin yr Iachawdwriaeth yw'r unig fudiad sy'n rhoi gofal ymarferol a thosturiol i bobl llai ffodus ein cymdeithas.

Gellir dadlau hefyd fod cyfyngu ar gyfraniad gwleidyddol a materol crefydd i gymdeithas yn gallu ysgogi pwyslais o'r newydd ar faterion ysbrydol. A beth bynnag, mae gan grefydd fwy o ddylanwad ar unigolion nag ar sefydliadau. Fel y dywedodd y cymdeithasegydd, Talcott Parsons, ceir y gwir ddylanwad yn 'ymrwymiadau unigolion i werthoedd ac ymrwymiadau sy'n eu cymell [i weithredu]'. Mae pobl rydym yn cwrdd â nhw ac yn eu hoffi yn fwy o ddylanwad ar y rhan fwyaf ohonom na sefydliadau ffurfiol amhersonol a'u credoau.

(iii) Twf syniadau rhesymegol a gwyddonol

Dim ond un eglwys oedd yng Nghymru a Phrydain yn y canol oesoedd, yr Eglwys Babyddol, a oedd â dylanwad aruthrol ar agweddau ysbrydol a seciwlar bywyd. Hyd yn oed pan ddatblygodd Protestaniaeth, doedd neb o ddifrif yn herio disgrifiadau beiblaidd o greu'r byd a hanes cynnar, a dehongliadau Cristnogol o ystyr bywyd. Cafodd hadau syniadau rhesymegol eu hau yn ystod Dadeni y 15fed a'r 16eg ganrif, ond wnaeth y rheini ddim dwyn ffrwyth yn llawn tan ail hanner y 19eg ganrif.

Mae syniadau rhesymegol yn mynnu profion a rhesymau. Mae hynny'n golygu fod pobl yn mynd yn llai parod i dderbyn esboniadau crefyddol yn seiliedig ar dduw neu dduwiau. Yn yr un modd, wrth i wyddoniaeth gynyddu dealltwriaeth o'r bydysawd a bodau dynol, mae dirgelion bywyd yn lleihau ac mae llai o angen y goruwchnaturiol. Mae pobl yn credu y gellir datrys problemau dynol drwy feddwl yn rhesymegol a thrwy gynnydd gwyddonol, nid trwy weddi a defod grefyddol. Yn ôl y byd-olwg gwyddonol a rhesymegol, mae bywyd yn gallu cael ei ddeall a'i reoli.

Darllenwch a gwnewch grynodeb o bennod o lyfr Dawkins (llun ar y chwith), The God Delusion, **a phennod o lyfr McGrath (llun ar y dde),** The Dawkins Delusion

Ar y llaw arall, dydy rhesymoliaeth na gwyddoniaeth ddim wedi llwyr fodloni pobl o ran egluro tarddiad y bydysawd ac ystyr bywyd. Mae llawer o bobl yn dal i gredu fod rhywbeth mwy i fywyd na dim ond y corfforol a'r materiol. Mae poblogrwydd horosgopau, parhad ofergoeledd, a diddordeb pobl mewn crefydd 'ymylol' (fel grwpiau sydd wedi hollti oddi wrth grefyddau traddodiadol, mudiadau crefyddol newydd, a'r ocwlt) yn cynyddu, nid yn lleihau. Dylid ychwanegu hefyd nad ydy gwyddoniaeth a chrefydd, fel rheswm a ffydd, ddim o anghenraid yn anghymharus. Yn wir, mae llawer o wyddonwyr a meddygon, a rhai athronwyr o fri, yn gredinwyr, e.e. Syr Russell Stannard a John Polkinghorne.

I'w ystyried

Allwch chi feddwl am ffyrdd y mae gwyddoniaeth a rheswm wedi helpu i ddatrys problemau dynol neu egluro rhywbeth?

(iv) Twf lluosedd (pluralism) crefyddol

Mewn cymdeithas lle nad oes ond un grefydd, neu lle mae un grefydd yn gryfach na phob un arall, mae pŵer a dylanwad crefydd yn gryf. Ond mae'r rhan fwyaf o gymdeithasau modern yn cynnwys nifer fawr o wahanol grefyddau, yn ogystal â safbwyntiau anghrefyddol fel Dyneiddiaeth a Marcsiaeth. Y term am hyn yw lluosedd crefyddol. Mae hynny ynddo'i hun yn lleihau dylanwad ac awdurdod crefydd.

Mae cystadleuaeth yn lleihau hygrededd. Os na fydd pobl yn credu bellach fod gan grefydd fonopoli ar y gwir, mae'n amhosibl iddi hyrwyddo set o gredoau a syniadau unigryw, unedig y bydd pawb yn eu derbyn. Nid yn unig y mae hi'n amhosibl i bob crefydd fod yn iawn, ond mae'r gwrthdaro rhwng eu gwahanol honiadau a'u gwahanol ddysgeidiaeth yn achosi i bobl amau a all yr un ohonyn nhw fod yn iawn.

Ac eto, mae credoau crefyddol yn parhau yn gryf yn y gymdeithas gyfoes. Ar sail gwahanol arolygon a wnaed ers 2000, mae rhyw ddau-draean o bobl ym Mhrydain yn dweud eu bod yn credu yn Nuw. Yn ystod yr hanner canrif diwethaf, ymddangosodd llu o fudiadau crefyddol newydd, a chynyddodd aelodaeth cyfran sylweddol o eglwysi carismatig, efengylaidd a ffwndamentalaidd o fewn Cristnogaeth. Mae crefyddau byd-eang eraill wedi ehangu ym Mhrydain. Er enghraifft, rhwng 1980 a 2000, dyblodd y nifer o Fwslimiaid ym Mhrydain. Mae llawer o gymunedau Bwdhaidd newydd wedi cael eu sefydlu ar ôl sefydlu'r ganolfan Fwdhaidd Dibetaidd gyntaf yn yr Alban ym 1967. Felly, yn ôl rhai cymdeithasegwyr, mae crefydd yn ein cymdeithas mewn cyflwr o newid neu drawsffurfiad yn hytrach na dirywiad terfynol.

Tasg

Tasg ymchwil	Beth yw ystyr y termau (i) carismatig, (ii) efengylaidd, a (iii) ffwndamentalaidd?

(v) Seciwlareiddiad sefydliadau crefyddol

Yn ystod y ganrif ddiwethaf, yn ôl y ddadl, roedd tueddd gynyddol ymhlith eglwysi i symud o'u pwyslais 'arallfydol' traddodiadol (h.y., canolbwyntio ar nefoedd/uffern ac iachawdwriaeth) i bwyslais ar y byd hwn (e.e. ymddiddori mewn cyfiawnder cymdeithasol ac iechyd/cyfoeth yn y bywyd hwn). Cafodd athrawiaeth Gristnogol draddodiadol a barn ar faterion moesol (e.e. genedigaeth wyryfol ac atgyfodiad Iesu, ac ysgariad) eu haddasu i gydymffurfio â'r newid yn ethos cymdeithas. Yn ddiweddarach, cawn fod mudiadau crefyddol newydd ac eglwysi newydd eu ffurfio yn cael eu rhedeg ar sail debyg i fusnesau seciwlar. Mae arweinwyr yn defnyddio technegau rheolaeth ac yn argymell technegau 'gwerthu caled' a 'gwerthu meddal' er mwyn ennill mwy o aelodau, ac mae llwyddiant fel pe bai'n cael ei fesur ar ffurf nifer yr aelodau neu faint o arian sydd yn y casgliad. Mae'r fath newid yn gwneud pobl gyffredin yn ddrwgdybus ac wedi eu dadrithio gan sefydliadau crefyddol.

Cynnig Arbennig
Prynwch un, un arall am ddim!!

Y Beibl Cymraeg
Y Beibl Cymraeg
Y Beibl Cymraeg

Mae hon yn ddadl amheus. Roedd yr Eglwys yn chwarae llawer mwy o ran mewn gwleidyddiaeth mewn oesoedd cynharach, pan roedd llawer o archesgobion yn wladweinwyr yn ogystal ag yn offeiriaid, nag y mae wedi gwneud yn y can mlynedd diwethaf. Gwnaeth yr Eglwys lawer hefyd dros ddiwygio cymdeithasol yn y 19eg ganrif, cyn i'r broses o seciwlareiddio gychwyn. Rhaid dweud hefyd fod y broses o ailasesu athrawiaeth a barn foesol wedi digwydd erioed o fewn Cristnogaeth a chrefyddau eraill wrth i ddealltwriaeth o ysgrifau cysegredig, traddodiadau crefyddol, gwyddoniaeth a dynoliaeth ddatblygu. Yn yr un ffordd, mae defnyddio technegau cyfoes yn dynodi bywiogrwydd nid ffosileiddio! Dydy'r hyn a oedd yn gweithio mewn cenhedlaeth flaenorol ddim o anghenraid yn gweithio gyda'r genhedlaeth fodern. Does dim tystiolaeth fod y fath newidiadau yn gwneud i bobl droi cefn ar grefydd.

Pwnc seminar

I ba raddau y dylai cymunedau crefyddol symud gyda'r oes o safbwynt credoau, addoli a threfniadaeth?

(vi) Twf y cyfryngau torfol

Mewn cymdeithas heb gyfathrebu torfol ac addysg dorfol, gall crefydd reoli sut y mae pobl yn dehongli bywyd. Ers canrifoedd, roedd bro neilltuol wedi dibynnu ar ei heglwysi, yn enwedig eglwys y plwyf, am newyddion a gweithgareddau cymdeithasol. Hyd yn oed ym Mhrydain y 19eg ganrif, doedd gan y cyfryngau ddim dylanwad ar y rhan fwyaf o bobl, gan mai dim ond y dosbarthiadau canol ac uchaf oedd yn darllen llyfrau a phapurau newydd. Heddiw, y cyfryngau torfol yw prif ddarparwyr gwybodaeth, barn a phrofiad.

Y teledu erbyn hyn yw'r brif ffynhonnell wybodaeth, ac mae'n un o'n prif weithgareddau hamdden. Mae'n cynnig detholiad o newyddion a barn, ac amryw fath o adloniant.

Mae rhaglenni crefyddol yn gallu cymryd lle mynd i oedfa, hyd yn oed – mae gwylio'r teledu yn fwy cysurus a gallwch ddiffodd y teledu os yw'n mynd yn ddiflas! Yn ychwanegol at hynny, mae rhaglenni teledu a llyfrau sydd nid yn unig yn cwestiynu credoau crefyddol ond sydd hefyd yn ymosod ar grefydd, yn gallu tanseilio ffydd. Mae'n bosibl nad oes gan lawer o wylwyr a darllenwyr y wybodaeth a'r ddealltwriaeth i allu asesu'r dadleuon yn feirniadol, ac felly maen nhw'n credu fod y farn a fynegir yn ffaith.

Does dim gwadu dylanwad cryf y cyfryngau. Pe na baen nhw'n ddylanwadol, fyddai cwmnïau masnachol ddim yn hysbysebu ar y teledu ac yn y

A ydy'r rhaglenni yma yn cynyddu neu'n lleihau difaterwch tuag at sefydliadau crefyddol?

papurau newydd. Ond mae'n bosibl gorbwysleisio eu dylanwad. Ers sefydlu cyrsiau TGAU yng nghanol y 1980au, mae pobl ifanc wedi cael eu hannog i asesu a dadansoddi gwybodaeth. Mae gwylwyr a darllenwyr â mwy o addysg yn llai tebygol o dderbyn barn heb dystiolaeth glir i'w chefnogi. All gwylio bocs ddim cymryd lle cymdeithasu gyda phobl o'r un anian, sef yr hyn mae addoli cyhoeddus yn ei gynnig. Mae rhai mudiadau crefyddol hefyd yn defnyddio cyfryngau gweledol fwyfwy i hyrwyddo eu dysgeidiaeth a'u syniadau.

Mae crefydd draddodiadol gyfundrefnol wedi bod ar drai ym Mhrydain. Ond erbyn heddiw, gan nad oes rhaid mynychu capel neu eglwys i gael eich ystyried yn barchus, neu am unrhyw resymau cymdeithasol eraill, efallai nad oedd y rheini a oedd yn mynychu oedfa gan mlynedd yn ôl am resymau cwbl grefyddol yn llawer mwy o ran nifer na'r rhai sy'n mynd heddiw. Mae cred grefyddol yn ymddangos yn gryf o hyd. Mae'r nifer gynyddol o eglwysi Cristnogol annibynnol, y mudiadau crefyddol newydd, ac addoldai crefyddau eraill ym Mhrydain yn awgrymu fod llawn cymaint o gredinwyr ymroddedig ym Mhrydain ag a fu erioed.

Tasg

| Tasg sgrifennu | (a) Eglurwch beth mae 'seciwlareiddio' yn ei olygu. |
| | (b) A ydy crefydd yn dirywio neu'n adfywio yng ngwledydd Prydain heddiw? |

Geirfa

cydberthynas	Perthynas rhwng dau neu fwy o bethau
cysegredig	Yn ymroddedig i dduw neu i ryw bwrpas crefyddol; wedi ei osod ar wahân neu wedi ei wneud yn sanctaidd gan gysylltiad crefyddol
monolithig	Unffurf, dim ond un ohono
sancteiddrwydd	Natur arbennig rhywbeth; rhywbeth na ddylid ei niweidio neu ei lygru
seciwlar	Yn ymwneud â phethau'r byd; dim yn ysbrydol nac yn grefyddol

Ffwndamentaliaeth

Nod

Ar ôl astudio'r bennod yma, dylech fod yn gallu dangos eich bod yn gwybod beth yw achosion a nodweddion ffwndamentaliaeth grefyddol, ac yn eu deall. Dylech hefyd fod yn gallu deall cryferau a gwendidau ffwndamentaliaeth ac yn gallu asesu ei hargraff debygol ar grefydd ym Mhrydain yn y dyfodol.

Ceir ffwndamentaliaeth o fewn pob un o'r prif draddodiadau crefyddol. Yn y bon, byd-olwg ceidwadol sy'n pwysleisio'r hyn a ystyrir yn wirioneddau hanfodol ffydd draddodiadol, a'u cymhwyso â sêl tanbaid at y sefyllfa gyfoes yw hyn. Mae'n ceisio hyrwyddo – a weithiau gorfodi – yr hyn y mae'n ei weld fel 'Y Gwirionedd' ar fyd lluoseddol a chymhleth. I lawer o bobl, mae ymddangosiad math milwriaethus o ffwndamentaliaeth mewn llawer o draddodiadau crefyddol yn y 30 mlynedd diwethaf yn rhywbeth neilltuol o fygythiol, yn enwedig lle mae wedi cael ei gysylltu â digwyddiadu fel ymosodiad 9/11 ar y Ddau Dŵr yn Efrog Newydd yn 2001 a chyrch bomio 7/7 yn Llundain yn 2005. Ond rhaid cofio fod y term 'ffwndamentaliaeth' yn disgrifio sbectrwm llawer ehangach o brofiad crefyddol na'r grwpiau milwriaethus sy'n bachu ein sylw trwy'r wasg boblogaidd: dim ond un agwedd ar y ffenomenon gymhleth yma y maen nhw'n ei chynrychioli.

Tarddiad y term

Dydy ffwndamentaliaeth ddim yn syniad newydd. Mae ei gwreiddiau yn ymestyn yn ôl i ganol y 18fed ganrif pan fyddai pregethwyr Cristnogol ym Mhrydain ac America yn pregethu'n rymus am erchyllterau Uffern yn seiliedig ar ddealltwriaeth lythrennol o'r Beibl. Ond nid tan y 1920au yr ymddangodd y term 'ffwndamentaliaeth', yn disgrifio Cristnogion Protestannaidd Americanaidd a oedd yn arddel credoau neilltuol fel hanfodion (*fundamentals*) ffydd.

Ym 1910 dechreuodd grŵp o ddiwinyddion Americanaidd a Phrydeinig gyhoeddi cyfres o bamffledi crefyddol o'r enw *The Fundamentals: A Testimony of Truth*. Eu nod oedd hyrwyddo'r hyn a oedd, yn eu barn nhw, yn gredoau sylfaenol hanfodol Cristnogaeth:

- anffaeledigrwydd (*inerrancy*) y Beibl (y ffaith na allai fod yn anghywir);
- creadigaeth y bydysawd gan Dduw;
- realiti gwyrthiau, yn cynnwys genedigaeth wyryfol ac atgyfodiad Iesu
- iawn amnewidiol (*substitutionary atonement*) Crist (hynny yw, fod marwolaeth Iesu wedi talu'r pris am feiau'r ddynolryw);
- Ail Ddyfodiad Crist.

Ffwndamentalwyr oedd y rhai a oedd yn derbyn y *Fundamentals*.

Yn ei neges Nadolig yn 2007, disgrifiodd Archesgob Cymru y twf mewn ffwndamentaliaeth fel un o'r problemau mawr sy'n wynebu'r byd:

"Mae unrhyw fath o ffwndamentaliaeth – boed yn feiblaidd, yn anghrediniol neu'n Islamaidd – yn beryglus am nad yw'n gadael dim lle i anghytuno, i amau, i ddadlau, i drafod."

A ydych chi'n cytuno? Rhowch resymau am eich ateb.

Dr. Barry Morgan,
Archesgob Cymru

Achosion ffwndamentaliaeth

Mae pob ffurf ar ffwndamentaliaeth wedi ymddangos fel ymateb i fygythiad roedd pobl yn ei ganfod yn erbyn cred grefyddol. Erbyn diwedd y 19eg ganrif, roedd yna Gristnogion, Iddewon a Mwslimiaid a oedd yn credu fod bygythiad i'w ffydd. Cynyddodd yr ofn yma yn ystod yr 20fed ganrif a lledaenu o fewn y tair crefydd yma ac ymestyn i grefyddau byd-eang eraill er fod y term 'ffwndamentaliaeth' yn gyfyngedig i Gristnogaeth yn gyffredinol, tan y 1970au.

Wrth i drafnidiaeth a chyfathrebu byd-eang ddod o fewn cyrraedd i bawb, aeth pobl yn fwy ymwybodol o'r amrywiaeth anferth sydd o wahaniaethau crefyddol, diwylliannol a chymdeithasol. Cyn hynny, roedd pobl wedi cymryd yn ganiatol mai eu ffordd o fyw a'u credoau nhw'u hunain oedd y norm, ond nawr roedd pethau eraill yn herio'r syniad yma.

Roedden nhw'n gweld tri bygythiad i gred grefyddol:

- beirniadaeth destunol o lyfrau cysegredig;
- parodrwydd pobl i dderbyn esboniadau gwyddonol ar fywyd;
- dylanwad cynyddol awdurdod seciwlar.

(i) Beirniadaeth destunol

O ganol y 19eg ganrif ymlaen, daeth dulliau newydd o ddadansoddi testun y Beibl yn gyffredin. Daeth ysgolheigion o hyd i ailadrodd, anghysondeb, gwrth-ddweud a gwahanol arddulliau sgrifennu o fewn yr un ddogfen. O ganlyniad, dechreuodd pobl fynegi amheuon cryf ynglŷn â thraddodiadau roedd pawb wedi eu derbyn yn flaenorol (e.e., mai Moses oedd awdur y Pentateuch, pum llyfr cyntaf yr Hen Destament, a bod holl lyfr Eseia wedi ei sgrifennu gan broffwyd o'r enw Eseia). Roedd beirniadaeth destunol o'r Testament Newydd, a oedd yn amau ei awduraeth draddodiadol a'i gywirdeb hanesyddol, yn anodd iawn i rai Cristnogion ei dderbyn.

Ymateb y Cristnogion hynny a oedd yn teimlo eu bod wedi eu bygwth gan y fath syniadau rhyddfrydol oedd gwrthod pob beirniadaeth ysgolheigaidd o'r Beibl. Y peth gwaethaf oedd fod credinwyr eraill yn fodlon derbyn a mabwysiadu'r syniadau ysgytwol yma. Felly roedd y bygythiad yn dod o'r tu allan ac o'r tu fewn i'w crefydd.

77

Ymatebodd rhai ffwndamentalwyr Iddewig yn yr un modd, a dechrau ufuddhau i'r 613 deddf yn y Torah yn fwy caeth nag erioed o'r blaen. Prin fod Islam wedi ei chyffwrdd gan feirniadaeth destunol o'r Qur'an: mae dadansoddi beirniadol wedi ei wahardd. Mae unrhyw un sy'n bwrw amheuaeth ar ddilysrwydd neu gywirdeb y Qur'an yn dal i fod yn debyg o gael ei gyhuddo o gabledd.

(ii) Esboniadau gwyddonol

Un o'r bygythiadau i gred grefyddol ym marn ffwndamentalwyr Cristnogol oedd twf syniadau esblygol. Dechreuodd hyn gyda chyhoeddi *The Origin of Species* Charles Darwin ym 1859, a oedd yn tanseilio cred mewn byd 6,000-blwydd oed a chreadigaeth chwe-diwrnod. Erbyn diwedd y 19eg ganrif, roedd y syniad o esblygiad wedi cael ei dderbyn yn llawer ehangach ac wedi cael ei ymestyn i egluro ymddygiad cymdeithasol a hyd yn oed cred grefyddol ei hunan.

Cwestiwn dychanol am y ddadl esblygiad mewn cartŵn o Punch, 1861

Ymateb ffwndamentalwyr oedd gwrthod unrhyw ddamcaniaethau neu ddarganfyddiadau gwyddonol a oedd fel pe baent yn gwrthdaro â datganiadau yn straeon penodau cynnar llyfr Genesis. Ym 1925, yn yr hyn yr aeth pobl i'w alw'n 'Achos Llys y Mwncïod', dan bwysau gan ffwndamentalwyr Americanaidd, cafodd athro gwyddoniaeth ysgol uwchradd, o'r enw John Scopes, ei erlyn a'i ddirwyo yn Tennessee am ddysgu esblygiad.

(iii) Awdurdod seciwlar

Roedd crefydd yn chwarae rhan bwysig, a thra-arglwyddiaethol weithiau, yn llywodraeth llawer o wledydd tan rhyw 150 o flynyddoedd yn ôl. Gydag ymddangosiad syniadau gwyddonol a rhesymegol newydd, yn ogystal ag ideolegau gwleidyddol fel Marcsiaeth, collodd lawer o'r dylanwad hwnnw. Yn ogystal â hynny, mae cymdeithas wedi newid yn gyflymach a chyflymach yn ystod yr hanner can mlynedd diwethaf. Mae'r fath newidiadau wedi gwneud i rai credinwyr deimlo nid yn unig yn bryderus ac yn ddryslyd, ond hefyd yn ansicr ac o dan fygythiad.

I'w ystyried

Meddylwich am rai o'r newidiadau, personal neu mewn cymdeithas, sydd wedi digwydd yn ystod eich bywyd chi. Sut effeithiodd y newidiadau hynny arnoch chi a sut oedden nhw'n gwneud i chi deimlo?

Roedd – ac y mae – ffwndamentalwyr Iddewig a Mwslimaidd yn pryderu'n fwy am werthoedd cymdeithas nag ysgrifau sanctaidd. Mewn gwledydd sydd â llywodraeth seciwlar, mae goddefgarwch yn bwysicach na gwirionedd crefyddol. Ymateb yw ffwndamentaliaeth i bryderon fod cymdeithas yn fodlon goddef ffyrdd a chredoau sy'n gwbl wahanol i'r rhai mae credinwyr yn credu y cawsant eu rhoi gan Dduw.

Felly, cadw'r deddfau ysgrythurol mewn cymdeithas seciwlar yw prif nod Iddewon a Mwslimiaid. Mae'r rhan fwyaf, er nad y cwbl, o ffwndamentalwyr Iddewig (fel mudiad y setlwyr Iddewig, Gush Emunim) am i Israel fod yn wladwriaeth grefyddol, ac maen nhw'n dehongli'r gwrthdaro Arab-Israeli fel mater o amddiffyn gwlad Duw yn erbyn gelynion Duw. Mae llawer o ffwndamentalwyr Mwslimaidd yn ystyried fod imperialaeth Orllewinol (Ewropeaid yn meddiannu tiroedd an-Ewropeaidd) a moderniaeth yn tanseilio traddodiadau Islamaidd; mae rhai felly nid yn unig yn galw am 'Ryfel Sanctaidd' yn erbyn rhai nad ydyn nhw'n Fwslimiaid fel ffordd o gyflawni *jihad* ond hefyd am i wledydd gael eu llywodraethu yn unol â deddfau Shari'a a roddwyd, fel y maen nhw'n credu, gan Dduw.

Tasg

Tasg ymchwil   Ymchwiliwch i'r gwahanol ddehongliadau o 'jihad' o fewn Islam.

Fe fu yna ffwndamentalwyr Hindŵaidd, Sikhaidd, Buddhaidd a hyd yn oed Conffiwsaidd hefyd a oedd â'r nod o amddiffyn purdeb eu tir a/neu eu diwylliant, gan wrthod llawer o werthoedd y gymdeithas lle roedden nhw'n byw ac yn ymladd ac yn lladd yn enw crefydd. Er enghraifft, ymladdodd ffwndamentalwyr Bwdhaidd yn Sri Lanka yn erbyn trefedigaethu Gorllewinol, yn y lle cyntaf, ac yna yn erbyn y Tamiliaid Hindŵaidd

Nodweddion ffwndamentaliaeth

Nododd y Project Ffwndamentaliaeth, a fu'n gweithio ym Mhrifysgol Chicago rhwng 1988 a 1993, naw o nodweddion ffwndamentalwyr. Gan fod natur ffwndamentaliaeth yn amrywio o'r naill grefydd i'r llall, gyda rhai grwpiau crefyddol yn pwysleisio ymddygiad yn hytrach na chred, does dim un grŵp unigol yn arddangos pob un o'r naw nodwedd. Y naw nodwedd yw:

(i) ymateb i'r ffaith fod crefydd yn cael ei gwthio i'r ymylon;

(ii) dewis a dethol;

(iii) deuoliaeth foesol;

(iv) absoliwtiaeth ac anffaeledigrwydd;

(v) milflwyddiaeth a meseianiaeth;

(vi) credu mai aelodau mudiad yw'r etholedig rai;

(vii) terfynau clir;

(viii) arweinwyr unbenaethol;

(ix) rheolau ymddygiad.

(i) Ymateb i'r ffaith fod crefydd yn cael ei gwthio i'r ymylon

Mae crefydd yn mynd yn llai pwysig mewn llawer o gymdeithasau. Mae hynny i'w weld yn y pwyslais cyfoes ar yr hunan a phethau materol – arian, eiddo, pŵer, statws, amlygrwydd, ac yn y blaen. Mae i'w weld hefyd yn y modd y mae pobl yn cwestiynu gwerthoedd traddodiadol a'u gwrthod, ac yn eu parodrwydd i dderbyn perthynolaeth (*relativism*), sef y syniad fod crefydd ynghlwm wrth ddiwylliant neilltuol, ac felly ond yn gymharol wir neu ffals. Mae hyn oll yn arwain ffwndamentalwyr at yr argyhoeddiad fod gwir ffydd yn cael ei dileu gan syniadau modern a'i bod dan fygythiad.

Ateb rhai ffwndamentalwyr yw ymneilltuo a chefnu ar gymdeithas: mae'r Amish, er enghraifft, yn byw yn fodlon ar wahân, yn eu cymunedau eu hunain yn yr Unol Daleithau a Chanada. Mae eraill yn adweithio drwy arddangos mor wahanol ydyn nhw drwy'r ffordd y byddan nhw'n gwisgo neu'n ymddwyn. Bydd rhai yn ceisio dylanwadu ar gymdeithas drwy ymgyrchu'n lleol neu gymryd rhan mewn gwleidyddiaeth – enghraifft o hynny yw'r Mwyafrif Moesol, fel y maen nhw'n galw'u hunain, yn UDA, a helpodd i ethol George Bush yn Arlywydd yn y 1990au. Bydd eraill eto yn ymateb yn filwriaethus ac yn ceisio atal neu ormesu pobl sy'n meddwl yn wahanol iddyn nhw. Mae hyn yn amlwg yn y gwrthdaro rhwng Hindwiaid a Mwslimiaid yn India, a rhwng Bwdhyddion Sinhala a'r Tamiliaid Hindŵaidd yn Sri Lanka.

Pwnc trafod

A all trais byth gael ei gyfiawnhau wrth amddiffyn neu hyrwyddo crefydd?

Mae'r Amish yn byw yn eu cymuned eu hunain, gan wisgo a byw yn arddull diwedd yr 17eg ganrif

(ii) Dewis a dethol

Mae ffwndamentalwyr yn tueddu i ddethol a phwysleisio agweddau arbennig ar eu crefydd. Maen nhw'n pwysleisio rhai rhannau o'u gweithiau cysegredig neu eu traddodiadau crefyddol ac yn anwybyddu eraill. Gallwn weld hynny'n fwyaf clir yn y ffordd y byddan nhw'n defnyddio testunau cysegredig wrth ystyried materion moesol. Er enghraifft, mae ffwndamentalwyr Iddewig a Christnogol yn aml yn dyfynnu rhan gyntaf Lefiticus 20:13 pan fyddan nhw'n condemnio cyfunrhywiaeth, 'ffieidd-dra' yng ngolwg Duw yn ôl yr adnod. Ond anaml iawn y byddan nhw'n dyfynnu ail ran yr adnod sy'n galw am y gosb eithaf ar gyfer y fath ymddygiad, neu'n cefnogi un arall o ofynion y bennod – sef y dylai plant sy'n melltithio eu rhieni gael eu lladd. Yn yr un ffordd, gall ffwndamentalwyr Mwslimaidd eithafol gyfiawnhau trais drwy ddehongli adnodau'r 'Cleddyf' yn y Qur'an fel anogaeth i ladd anghredinwyr, yn hytrach na fel canllawiau ysbrydol yn erbyn drygioni, ac anwybyddu adnodau eraill fel 'na ladd y bywyd a wnaeth Allah yn gysegredig'.

Tasg

Tasg ymchwil	Defnyddiwch y rhyngrwyd i ddarganfod beth yw adnodau'r 'Cleddyf' a sut maen nhw'n cael eu dehongli mewn gwahanol ffyrdd.

Bydd ffwndamentalwyr hefyd yn aml yn dewis canolbwyntio ar bynciau arbennig i'w gwrthwynebu'n ffyrnig, er enghraifft, erthyliad ac esblygiad i rai Cristnogion, y fasnach dwristaidd yn yr Aifft i rai Mwslimiaid, ac ildio 'tir am heddwch' yn Israel i rai Iddewon.

(iii) Deuoliaeth foesol

Byd-olwg sy'n rhannu'r byd yn glir rhwng daioni a drygioni yw deuoliaeth. Mae ffwndamentalwyr yn credu fod y byd hwn yn llwgr, yn bechadurus ac wedi ei gondemnio. Yr unig obaith am iachawdwriaeth yw'r mudiad maen nhw'n rhan ohono.

Mae crefyddau eraill y byd yn cael eu hystyried yn israddol, os nad yn bechadurus, a ffyrdd eraill o fynegi ffydd o fewn eu crefydd eu hunain yn anghywir ac yn gamarweiniol, os nad yn hereticaidd ac yn gableddus. Mae pawb sydd heb fod yn rhan o'u cyfundrefn gred nhw yn rhan o'r byd drygionus. Ym marn Mwslimiaid Shi'a, er enghraifft, mae Mwslimiaid Shi'a seciwlar, Mwslimiaid Sunni sy'n cyfaddawdu, a phobl nad ydyn nhw'n Fwslimiaid oll yn mynd yn groes i ewyllys Allah.

(iv) Absoliwtiaeth ac anffaeledigrwydd

Mae'n rhaid i ffwndamentalwyr gael sicrwydd. Mae eu credoau a'u syniadau yn absoliwt, yn ddiamod ac yn ddigyfaddawd. Mae eu hagwedd tuag at amrywiaeth grefyddol yn un anoddefgar, gan eu bod yn credu mai eu ffydd nhw yw'r unig wir ffydd. Maen nhw'n absoliwt yn eu hagwedd tuag at foesau hefyd. O'u safbwynt nhw, mae materion moesol yn gwbl glir ac mae gweithred naill ai'n iawn neu beidio, ni waeth beth fo'r sefyllfa.

Mae ffwndamentalwyr yn credu fod eu llyfrau sanctaidd yn ddwyfol eu tarddiad, yn wir bob gair, ac yn gywir ym mhob manylyn. Mae ffwndamentalwyr yn tueddu i ddehongli eu hysgrythur mewn ffordd hanesyddol a llythrennol yn hytrach nag yn drosiadol neu'n symbolaidd. Mewn rhai achosion, maen nhw'n credu nad dim ond y testun sanctaidd sy'n ddi-fai, ond y dehongliadau a'r cymwysiadau traddodiadol (fel y Talmud i'r Iddewon a chyfraith Shari'a i'r Mwslimiaid) hefyd. Gan fod yr ysgrifau a'r traddodiadau yma yn cael eu hystyried yn wirionedd absoliwt, bydd ffwndamentalwyr, fel rheol, yn gwrthwynebu dulliau beirniadol cyfoes o archwilio ffynonellau crefyddol ac yn gwrthod casgliadau ysgolheigion modern.

Mewn Bwdhaeth a Hindŵaeth, ffynhonnell awdurdod fel arfer yw'r traddodiadau sylfaenol sy'n cael eu dysgu i bobl gan gurus, mynachod neu offeiriaid unigol fel Anagarika Dharmapala a Shankayracharya o Puri, yn hytrach nag unrhyw destun sanctaidd. Mae eu dilynwyr yn credu fod yr unigolion hyn wedi eu hysbrydoli'n ddwyfol neu fod ganddynt ddealltwriaeth oleuedig arbennig. O ganlyniad, rhaid derbyn eu datganiadau, nid eu cwestiynu.

I grynhoi, mae'r syniad y gall fod sawl dehongliad gwahanol, llawn mor ddilys o destun sanctaidd, neu ddadleuon o bwys cydradd o blaid sawl barn wahanol, yn cael ei wrthod.

Pwnc seminar

Beth yw manteision a phroblemau seilio cred ar lyfr sanctaidd neu ar arweinydd crefyddol?

(v) Milflwyddiaeth a meseianiaeth

Mae disgwyliadau milflwyddol yn un arall o nodweddion mudiadau ffwndamentalaidd. Mae ffwndamentalwyr yn argyhoeddedig y bydd daioni yn trechu drygioni yn y pen draw. Daw'r byd yma i ben a bydd Duw, y Bod Eithaf neu Oleuedigaeth, yn rheoli.

Mae hyn yn fwyaf amlwg mewn mudiadau ffwndamentalaidd Cristnogol, Islamaidd ac Iddewig. Er enghraifft, bydd y Gwaredwr, yr Imam Cudd neu'r Meseia yn dod gan hebrwng i mewn oes newydd lle na fydd pechod na dioddefaint mwyach. Yr hyn mae mudiadau ffwndamentalaidd Hindŵaidd a'r Bwdhyddion Sinhala yn ei ddisgwyl yw bod eu gwledydd yn ddiogelu rhag dylanwadau estron, ond y mae naws filflwyddol i syniadau am Deyrnas Ram, Khalistan a 'theyrnas' gwbl Fwdhaidd Sri Lanka.

Tasg

Tasg ymchwil	Dysgwch fwy am unrhyw un o'r chwe syniad yn y pargraff uchod a pharatowch gyflwyniad dwy-funud o hyd ar gyfer gweddill y grŵp.

(vi) Yr etholedig rai

Mae llawer o ffwndamentalwyr yn credu eu bod yn bobl sydd wedi cael eu dewis, 'yr etholedig rai'. Efallai eu bod wedi cael eu dewis yn yr ystyr fod Duw wedi galw arnyn nhw i fod yn dystion i'r gwirionedd. Neu efallai eu bod wedi eu dewis i gyflawni tasgau a fynnir gan Dduw. Mae'n siŵr mai'r weithred waethaf o drais ffwndamentalaidd oedd pan herwgipiodd Islamiaid milwriaethus bedair awyren ar yr 11eg o Fedi 2001. Roedden nhw'n perthyn i fudiad al-Qaeda dan arweiniad Osama bin Laden, a roedd o leiaf rhai o'r herwgipwyr yn amlwg yn credu eu bod wedi eu dewis gan Allah i amddiffyn y wir ffydd.

(vii) Terfynau clir

Mae mudiadau ffwndamentalaidd yn gyffredinol yn gwahaniaethu'n glir rhwng credinwyr ac anghredinwyr, y rhai sydd wedi eu hachub a'r rhai sydd heb eu hachub. Fel arfer mae gan y mudiad set gaeth o gredoau y mae'n rhaid i aelodau eu derbyn, a'r system gred yma sy'n gwahanu'r gwir grediniwr oddi wrth weddill y ddynolryw.

Ymosodiadau 9/11 pan gafodd mwy na 3,000 o bobl eu lladd, a miloedd eraill eu niweidio'n gorfforol neu'n feddyliol

Gall y gwahaniad fod yn un corfforol yn yr ystyr y mae Iddewon Charedi tra-Uniongred yn disgwyl i'w haelodau fyw o fewn taith ar droed i'r synagog ac yn mynnu fod eu bywyd cymdeithasol wedi ei drefnu o gwmpas y talmud Torah (ysgol), y synagog, y lladd-dy kosher, a'r mikva (y baddon defodol). Neu fe allai olygu sefydlu cymuned gaeëdig ar wahân, fel yn achos yr Amish.

Y peth mwyaf arferol yw byw ar wahân o fewn cymdeithas drwy arfer a thystio – 'yn y byd ond heb fod yn rhan ohono'. Er enghraifft, mae llawer o grwpiau ffwndamentalaidd Cristnogol yn rhedeg ysgolion lle mae cwricwlwm seiliedig ar y Beibl yn cael ei ddysgu i'w plant, cwricwlwm sy'n gwrthod unrhyw ddarganfyddiadau gwyddoniaeth fodern sy'n gwrthdaro â'u ffydd, fel credoau am darddiad y bydysawd.

(viii) Arweinwyr unbenaethol

Mae llawer o grwpiau ffwndamentalaidd wedi eu harwain gan unigolyn carismatig (dyn. fel arfer) sydd, gydag un neu ddau o ddilynwyr teyrngar, yn penderfynu ynglŷn â phopeth pwysig. Does neb yn cael cwestiynu'r penderfyniadau hyn. Mae pawb yn ufuddhau i'w ddehongliad o ysgrifau sanctaidd neu draddodiadau crefyddol, ei ddatganiadau moesol a gwleidyddol, a phenderfyniadau teuluol ac ariannol.

Mae'r arweinydd yn sefyll ar wahân ac mae'n cael ei barchu'n llwyr. Gellir gweld hynny mewn defodau fel cyffwrdd â siôl weddi rebbe Iddewig a chusanu llaw'r Jama'a emir Mwslimaidd. Mae i'w weld hefyd yn y ffordd y bydd pobl yn darllen ac ailddarllen gwaith yr arweinydd, fel gyda 'Mo Letters' Moses David Berg, arweinydd Plant Duw (neu'r Teulu, fel maen nhw'n cael eu galw yn awr). Mae hefyd yn amlwg yn y ffordd y bydd pobl yn gwrando'n awchus ar bregethau ac areithiau maith yr arweinydd, fel gyda dilynwyr David Koresh, arweinydd y Branch Davidian nes i'r gymuned gael ei dinistrio yn Waco, Tecsas, ym 1993.

(ix) Rheolau ymddygiad

Mae cydymffurfio ag ymddygiad neilltuol hefyd yn nodweddiadol o ffwndamentaliaeth. Mae hyn yn aml yn cynnwys nid yn unig cod moesol ond hefyd y berthynas deuluol a dyletswyddau ysbrydol. Weithiau bydd yn rhaid gwisio gwisg arbennig, fel trowsus byr a lathi (ffon) i aelodau'r Shakhau Hindŵaidd, a chot a het ddu y Charedim Iddewig.

Mae camymddwyn yn cael ei gondemnio. Mae unrhyw un sy'n gwrthod cydymffurio yn gorfod ateb ger bron yr arweinydd ac weithiau eu cyd-gredinwyr, ac os nad yw'n fodlon dangos edifeirwch a pharodrwydd i newid, caiff ei dorri allan o'r grŵp.

Cryfderau a ffaeleddau

Mae ffwndamentaliaeth yn ffenomenon gymhleth. Mae'n ymddangos mewn gwahanol ffurfiau mewn gwahanol grefyddau, ond mae hefyd yn cael ei mynegi mewn ffyrdd gwahanol gan wahanol fudiadau ffwndamentalaidd o fewn yr un grefydd. Mae'r rhan fwyaf o ffwndamentalwyr crefyddol yn bobl heddychlon sy'n ufuddhau i'r gyfraith, a lleiafrif bach iawn sy'n eithafwyr milwriaethus.

Tasg

Ymchwiliwch i o leiaf dri o fudiadau ffwndamentalaidd o NAILL AI Cristnogaeth NEU Islam. Dywedwch pa rai o'r rhain sy'n heddychlon ac yn ufudd i'r gyfraith, a pha rai sy'n filwriaethus ac yn eithafol.

Rhowch resymau i gefnogi eich ateb.

Mae gan y rheini sydd â chred ffwndamentalaidd argyhoeddiad cryf, ffydd ddisyfl ac, yn aml, maen nhw'n ddewr iawn. Maen nhw'n glynu wrth yr hyn maen nhw'n credu sy'n wir ac mae eu hyder yn deillio o argyhoeddiad sicr. Maen nhw'n ddiffuant, mae ganddyn nhw deimlad cryf o gymuned ac fel arfer maen nhw'n dilyn rheolau moesol caeth.

Protest yw ffwndamentaliaeth yn erbyn gwerthoedd a ffyrdd o fyw materolaidd a hunanol cymdeithas heddiw, ac mae'n galw ar bobl i gymryd agweddau ysbrydol a chwestiynau sylfaenol bywyd o ddifrif. Ar y llaw arall, mae rhai ffwndamentalwyr yn gallu bod yn anoddefgar ac yn drahaus, heb gynhesrwydd a thosturi tuag at bobl sydd heb fod yn rhannu eu cred. Mae'r anoddefgarwch yma'n cael ei fynegi mewn geiriau fel arfer, ond mae grwpiau milwriaethus yn barod i droi at drais er mwyn amddiffyn yr hyn maen nhw'n ei weld fel 'y gwir'.

Byddai beirniaid ffwndamentaliaeth yn dadlau fod llawer o'r materion sydd o bwys i ffwndamentalwyr, fel esblygiad a 'phuro' eu tir yn ymddangos yn bitw o'u cymharu â phroblemau byd-eang tlodi, anghyfiawnder a llygru'r amgylchedd. Mae ffwndamentaliaeth fel arfer yn batriarchaidd hefyd ac yn aml yn dirmygu menywod. Mewn geiriau eraill, y norm yw mai dyn yw'r arweinydd, ac mae swyddogaeth menywod yn gyfyngedig ac yn israddol.

Mae'r rhan fwyaf o ffwndamentalwyr yn gweld popeth yn ddu a gwyn; dydyn nhw ddim yn derbyn nad yw pethau bob amser mor eglur. Mae gwahanol grwpiau o fewn yr un grefydd yn dethol ac yn pwysleisio gwahanol draddodiadau neu destunau crefyddol, ac eto mae ffwndamentalwyr yn mynnu mai eu fersiwn neilltuol nhw o'r ffydd yw'r grefydd wreiddiol, ddilys. Mae ffwndamentalwyr Cristnogol, yn enwedig, yn defnyddio'r Beibl fel llawlyfr gwybodaeth, gan gymryd geiriau allan o'u cyd-destun weithiau i gyfiawnhau agwedd neu ffordd o weithredu maen nhw eisoes wedi penderfynu ei dilyn.

Mae yna dystiolaeth fod ffwndamentaliaeth grefyddol ym Mhrydain ar gynnydd. Gellir gweld hynny yn nhŵf eglwysi a mosgau ffwndamentalaidd, mwy o ddefnydd o'r teledu a'r rhyngrwyd gan ffwndamentalwyr, yr holl lenyddiaeth ffwndamentalaidd sy'n cael ei chyhoeddi, a hyd yn oed rhan ffwndamentalwyr mewn sefydlu ysgolion academi. Tra bod y mwyafrif o ffwndamentalwyr yn ufuddhau i'r gyfraith, mae rhai yn fwy milwriaethus ac wedi mynegi eu ffwndamentaliaeth drwy frawychiaeth.

Ni ellir ond dyfalu i ba raddau y bydd ffwndamentaliaeth yn dylanwadu ac effeithio ymhellach ar grefydd ym Mhrydain, ond mae un peth yn sicr: dydy ffwndamentaliaeth ddim yn mynd i ddiflannu.

Tasg

Tasg sgrifennu	(a) Eglurwch pam mae hi'n anodd diffinio beth ydy ffwndamentalydd.
	(b) 'Mae cryfderau ffwndamentaliaeth yn gwrthbwyso'i gwendidau.' Aseswch y farn yma.

Geirfa

beirniadaeth destunol	proses o geisio darganfod darlleniad cywir o'r testun
emir	llywodraethwr Mwslimaidd
lluoseddol	derbyn nifer o wahanol grefyddau a grwpiau crefyddol
Marcsiaeth	damcaniaeth wleidyddol ac economaidd Karl Marx; ideoleg cymdeithas gomiwnyddol, wrth-gyfalafol, ddi-ddosbarth
moderniaeth	cyflwr o fod yn gyfoes neu yn y ffasiwn gyfredol
rebbe	rabbi mewn Iddewiaeth Chasidaidd ('duwiol')
Shari'a	y gyfraith Fwslimaidd
Torah	y Pentateuch (pum llyfr cyntaf y Tanach/Hen Destament); y gyfraith Iddewig

Mudiadau crefyddol newydd

Nod

Ar ôl astudio'r bennod yma, dylech fod yn gallu dangos eich bod yn gwybod beth yw achosion a nodweddion mudiadau crefyddol newydd ac yn eu deall. Dylech hefyd allu deall pwysigrwydd cymharol yr achosion hyn i ymddangosiad mudiadau crefyddol newydd a gallu asesu effaith debygol y fath fudiadau ar grefydd ym Mhrydain yn y dyfodol.

Tystion Jehofa wrthi'n cenhadu

Dydy crefydd byth yn aros yn ei hunfan. Mae profiadau newydd, pwysleisiau newydd a mudiadau sy'n torri i ffwrdd yn rhan o'r broses o barhau i fod yn berthnasol mewn cymdeithas gyfnewidiol. Er nad yw ymddangosiad a bodolaeth mudiadau crefyddol newydd yn ffenomenon newydd, gwelwyd cynnydd heb ei ail yn nifer y fath fudiadau yn y 150 mlynedd diwethaf, yn enwedig o'r 1950au ymlaen.

Mae'r term 'mudiadau crefyddol newydd' yn cael ei ddefnyddio gan rai ysgolheigion i gyfeirio at y mudiadau hynny sydd wedi dod i fodolaeth er canol y 1940au yn unig. Ond byddai'r fath ddiffiniad yn eithrio grwpiau fel y Watchtower Tract Society (Tystion Jehofa), y Church of Jesus Christ of Latter-Day Saints (y Mormoniaid), y Mudiad Lubavitch, y Ffydd Bahá'í, a'r Mudiad Meher Baba, sy'n dal i fod yn fudiadau crefyddol pwysig heddiw.

Natur mudiadau crefyddol newydd

Mae mudiadau crefyddol newydd yn ffenomenon gymhleth i'w hastudio. Mae hynny oherwydd eu bod yn gallu bod mor hanfodol wahanol i'w gilydd. Mae nifer yn amrywiadau ar grefydd sefydliedig – mae rhai'n gwrthwynebu newid, rhai'n hyrwyddo dysgeidiaeth neilltuol a fu'n gred ar un adeg ond y cefnwyd arni bellach, ac eraill yn dymuno cynnwys dysgeidiaeth newydd yn y grefydd. Mae mudiadau eraill yn gymysgedd o draddodiadau crefyddol, ac eraill eto yn ymgais i ddod o hyd i ymdeimlad newydd o'r dwyfol.

Dim rhyfedd felly fod y ffactorau sy'n arwain at ymddangosiad mudiad crefyddol newydd yn amrywio o'r naill fudiad i'r llall. Yn yr un ffordd, gall elfennau mudiad crefyddol newydd amrywio'n aruthrol hefyd.

Prin fod rhai mudiadau crefyddol newydd yn para am genhedlaeth, tra bod eraill yn bodoli am ganrifoedd. Mae rhai'n mynd yn rhan o grefydd sefydliedig (fel y gwnaeth Methodistiaeth) tra bod eraill yn dal i gael eu hystyried yn grefydd ymylol (fel Tystion Jehofa).

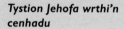
Pwnc seminar

Pam ydych chi'n credu fod rhai mudiadau crefyddol newydd yn para cyhyd ond gan ddal i gael eu hystyried yn ymylol gan grefydd draddodiadol a chymdeithas yn gyffredinol?

Achosion mudiadau crefyddol newydd

Mae nifer o achosion posibl a allai egluro tarddiad a datblygiad mudiadau crefyddol newydd. Mae'n ddigon posibl fod rhai achosion yn fwy perthnasol i rai mudiadau, ac eraill i fudiadau gwahanol.

Yr achosion posibl yw:

(i)   dadrithiad gyda chrefydd sefydliedig;

(ii) teimlad o anfantais neu amddifadedd;

(iii) newid cymdeithasol;

(iv) adwaith i gymdeithas seciwlar;

(v)   y pwyslais cyfoes ar yr hunan;

(vi) ymddangosiad arweinydd carismatig.

(i) Dadrithiad gyda chrefydd sefydliedig

Mae mudiadau crefyddol sefydliedig fel pe baen nhw'n colli peth o'u hegni a'u bywyd gwreiddiol. Mae tuedd i gyfaddawdu cred ac agweddau ac ymdoddi'n fwy i gymdeithas ehangach. O ganlyniad, bydd rhai aelodau'n teimlo nad yw'r mudiad neu'r gymuned yn parhau'n ffyddlon i'w hagweddau a'i gwerthoedd gwreiddiol. Felly mae'r aelodau hynny yn torri i ffwrdd ac yn ffurfio eu mudiad crefyddol annibynnol eu hunain.

Mae enghreifftiau o'r fath grwpiau 'sblit' yn cynnwys Kimbanguiaeth yn Affrica a'r mudiad Havurot Iddewig. Ar y llaw arall, mae mudiadau crefyddol newydd yn cael eu creu gan rai sydd y tu allan i grefydd sefydliedig, fel Seientoleg ac Eckankar.

(ii) Teimlad o anfantais neu amddifadedd

Mae nifer o gymdeithasegwyr wedi awgrymu fod ffurfiau newydd o grefydd yn debyg o godi ymhlith pobl sydd yn y grwpiau cymdeithasol is. Dadleuai Weber, er enghrafft, fod ar bobl felly angen i eglurhad am pam maen nhw yn y safle cymdeithasol yma, a chael ffordd arall o deimlo'n uwchraddol i bobl eraill. Mae mudiadau crefyddol newydd fel arfer yn cynnig yr hyn mae'n ei alw'n 'theodiciaeth y difreintiedig' (esboniad crefyddol o'r rheswm pam mae rhai pobl dan anfantais cymdeithasol), drwy ddatgan fod y byd yn llwgr a bod aelodau'r grŵp newydd yn élite.

Roedd Niebuhr a Troeltsch hwythau yn credu fod mudiadau crefyddol newydd yn codi o sefyllfaoedd o dlodi materol. Mae Glock a Stark wedi nodi y gall pobl fod o dan fathau eraill o anfantais heblaw am un economaidd. Gall pobl deimlo'n ddifreintiedig oherwydd diffyg statws, anabledd ac afiechyd hir-dymor, heb ddim gobaith o wella eu byd a heb system werthoedd ystyrlon. Beth bynnag fo ffynhonnell eu hanfantais, bydd pobl yn creu neu'n ymuno â mudiadau sy'n eu helpu i deimlo'n llai difreintiedig.

Mae teimlad o anfantais neu amddifadedd fel pe bai'n elfen bwysig yn nharddiad rhai grwpiau crefyddol newydd fel y Rastaffariaid a'r Mwslimiaid Duon. Roedd llawer o'r rheini a ymunodd â'r mudiadau Branch Davidian a People's Temple yn bobl dduon a dosbarth gweithiol hefyd. Fodd bynnag, dydy llawer o bobl sy'n ymuno â mudiadau crefyddol newydd yn amlwg ddim yn ddifreintiedig neu ddim yn teimlo'n ddifreintiedig cyn ymuno. Mae Seientoleg, er enghraifft, fel pe bai'n denu pobl hyderus, gefnog a huawdl yn bennaf, yn cynnwys rhai o enwogion y byd adloniant.

Tasg

Tasg ymchwil | Dewiswch un o'r mudiadau a enwir yn (i) neu (ii) a darganfyddwch sut y daeth i fodolaeth a beth yw ei brif nodweddion.

Paratowch gyflwyniad tair-munud neu daflen yn crynhoi eich darganfyddiadau.

(iii) Newid cymdeithasol

Mae cymdeithasegwyr eraill fel Wilson yn credu fod mathau newydd o grefyddau'n datblygu mewn cyfnodau o newid cymdeithasol carlamus sy'n tarfu ar fywyd bob-dydd. Mae twf Methodistiaeth yn y 18fed ganrif, er enghraifft, yn cael ei weld fel ymateb gan weithwyr i aflonyddwch ac ansicrwydd bywyd yn yr ardaloedd diwydiannol newydd. Yn yr un ffordd, mae'r newidiadau diddiwedd mewn cymdeithas gyfoes yn ystod yr hanner can mlynedd diwethaf yn cael eu gweld fel amodau delfrydol ar gyfer sefydlu mudiadau crefyddol newydd. Mae'r fath fudiadau yn cynnig teimlad o berthyn, cysylltiadau cymdeithasol cryf, cefnogaeth, sefydlogrwydd a phwrpas pan fo popeth arall yn ymddangos yn anwadal ac yn simsan.

Agwedd berthnasol arall ar newid cymdeithasol yw datblygiad cymdeithasau aml-ddiwylliannol. Am wahanol resymau, mae mwyfwy o bobl o un diwylliant wedi ymfudo i fyw mewn diwylliant gwahanol gan ddod â gwahanol draddodiadau, syniadau a chredoau gyda nhw, fel nad oes un grefydd arbennig i'r holl wlad mwyach. Mae lluosedd crefyddol yn ffaith bellach, ac mae mudiadau crefyddol newydd yn ffitio'r syniad o ffurfiau gwahanol o grefydd ac ysbrydolrwydd mewn cymdeithas.

John Wesley, yr offeiriad yn Eglwys Loegr a sefydlodd Fethodistiaeth, yn pregethu

Mae'r cyfryngau torfol hefyd yn addysgu ac yn hyrwyddo amrywiaeth cred. Drwy lenyddiaeth, y radio, y teledu a'r rhyngrwyd, mae mwyfwy o wybodaeth ar gael am wahanol ddiwylliannau a chredoau crefyddol. Yn wir, gyda dyfodiad teledu lloeren a chebl, mae mwyfwy o fudiadau crefyddol yn hyrwyddo eu hunain drwy'r fath gyfryngau.

(iv) Adwaith i gymdeithas seciwlar

Gwelai Sorokin, cymdeithasegydd arall, fod diwylliant cymdeithas yn pendilio'n araf rhwng dau begwn materoliaeth ac ysbrydolrwydd. Credai fod y ffurfiau crefyddol newydd yn adwaith i eithafion cymdeithas seciwlar, faterol, ac yn ymateb i fyd dan fawd y technolegol a'r gwyddonol, y rhesymegol a'r amhersonol.

I'w ystyried

I ba begwn ydych chi'n credu mae'r pendil yn symud yn ein cymdeithas ni heddiw?

Pam?

Yn sicr, roedd y 1960au yn gyfnod o ffyniant ym Mhrydain a'r UD ac yn y degawd hwnnw y cychwynnodd nifer o fudiadau crefyddol newydd. Daeth gwrth-ddiwylliant i fod a oedd yn cynnwys hipis, 'plant y blodau' a chyffuriau 'meddal', ond dyma hefyd y cyfnod pan ymddangosodd grwpiau Zen Gorllewinol, mudiadau crefyddol Hindŵaidd fel

Cenhadaeth y Goleuni Dwyfol, a mudiadau crefyddol newydd eraill. Mabwysiadodd llawer o'r mudiadau crefyddol newydd yma ffordd syml ac asgetaidd o fyw gan ddenu pobl ifanc a phobl gymharol gefnog.

(v) Y pwyslais cyfoes ar yr hunan

Yng nghymdeithas heddiw mae mwyfwy o bwyslais ar gyflawniad personol, hapusrwydd a dod o hyd i'n gwerthoedd moesol ein hunain. Mae'r hen batrwm o awdurdod yn llai llai perthnasol, a'r syniad y gall pob unigolyn benderfynu drosto neu drosti ei hunan o fewn amrediad o ddewisiadau yw'r delfryd yn ein cymdeithas gyfoes.

Dim rhyfedd felly fod rhai pobl yn arbrofi gyda gwahanol fathau o ysbrydolrwydd, yn yr un ffordd ag y bydd rhai yn symud o swydd i swydd neu'n newid car bob blwyddyn. Gall unigolion ddewis llwybr ysbrydol a phenderfynu beth sydd, yn eu barn nhw, yn wir ac yn ddefnyddiol, Mae mudiadau crefyddol newydd yn ffitio i'r patrwm yma.

Aelodau o fudiad Oshu wrthi'n myfyrio

(vi) Ymddangosiad arweinydd carismatig

Mae gan y rhan fwyaf o grefyddau sylfaenydd y mae pobl yn credu fod ganddo bwerau neu ddoniau anghyffredin. Mae'r rhan fwyaf o fudiadau crefyddol newydd hefyd yn cael eu sefydlu gan unigolion sydd â phersonoliaeth ddeniadol, egni dynamig a gallu eithriadol i argyhoeddi pobl. Mae enghreifftiau clasurol o grwpiau sydd wedi eu ffurfio gan – ac o gwmpas – arweinydd carismatig yn cynnwys y Family Federation for World Peace and Unification (y Moonies) a ffurfiwyd gan Sun Myung Moon ac ISKCON (y mudiad Hare Krishna) a ffurfiwyd gan y guru Indiaidd, Swami Prabhupada.

Mathau o fudiadau crefyddol newydd

Bu sawl ymgais i ddosbarthu mudiadau crefyddol newydd yn wahanol fathau. Y broblem yw ei bod hi'n anodd cyffredinoli am y fath fudiadau oherwydd eu bod mor wahanol o ran tarddiad, natur, arferion a chred. Efallai mai'r ffordd fwyaf defnyddiol o wahaniaethu rhwng mudiadau crefyddol newydd yw ystyried agwedd gyffredinol tuag at y byd cyfan. Mae rhai yn gwrthod y byd, mae rhai'n ei ddathlu ac mae eraill yn ymdopi ag ef.

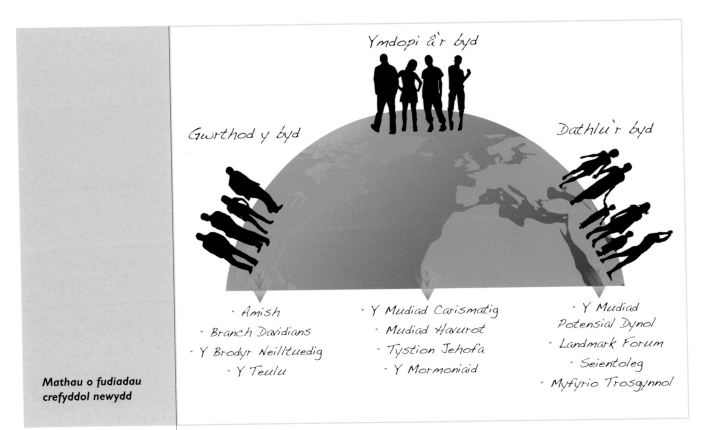

Ymdopi â'r byd

Gwrthod y byd

Dathlu'r byd

- Amish
- Branch Davidians
- Y Brodyr Neilltuedig
- Y Teulu

- Y Mudiad Carismatig
- Mudiad Havurot
- Tystion Jehofa
- Y Mormoniaid

- Y Mudiad Potensial Dynol
- Landmark Forum
- Seientoleg
- Myfyrio Trosgynnol

Mathau o fudiadau crefyddol newydd

a) Gwrthod y byd

Mae rhai mudiadau yn ystyried cymdeithas gyfoes fel rhywbeth llwgr y dylid troi cefn arno yn gyfan gwbl neu ei drawsnewid yn llwyr. Maen nhw'n credu fod y byd mor ddrwg fel mai'r unig ffordd o anrhydeddu Duw a byw bywyd da yw ymbellhau oddi wrth gymdeithas, naill ai drwy fyw mewn cymuned gyda chredinwyr tebyg yn gwbl ar wahân neu trwy dreulio'u bywyd yn gwasanaethu'r mudiad, gan addoli, gweithio ac efengylu.

Mae arweinwyr yn cael parch llwyr fel negeseuwyr oddi wrth Dduw ac mae dilynwyr yn derbyn eu dysgeidiaeth ac yn ufuddhau i'w gorchmynion yn ddi-gwestiwn. Ymrwymiad a theyrngarwch i'r mudiad yw'r peth pwysicaf.

b) Dathlu'r byd

Mae mudiadau eraill yn derbyn y rhan fwyaf o werthoedd a nodau cymdeithas gyfoes. Maen nhw'n gweld nifer o nodweddion da yn y byd ac yn credu fod cymdeithas yn elwa pan fydd unigolion yn cael eu galluogi i gyflawni eu potensial llawn. Mae mwy o bwyslais ar dechnegau a llwyddiant unigol o safbwynt dealltwriaeth, hapusrwydd a chynnal perthynas nag ar gredoau dogmatig, manwl.

Mae arweinwyr yn cael eu parchu ond nid eu haddoli. Does dim rhaid i aelodau fyw mewn cymuned ac ymrwymo'n llawn-amser i'r achos, ond disgwylir cyfraniad ariannol. Bydd aelodau'n parhau i fyw bywyd normal, dilyn gyrfa a chynnal bywyd teuluol.

c) Ymdopi â'r byd

Dydy rhai mudiadau ddim yn llwyr dderbyn nac yn llwyr wrthod gwerthoedd cymdeithas gyfoes. Y gred yw fod y byd yn gyffredinol, a chrefydd yn enwedig, wedi symud oddi wrth y math o fywyd a ordeiniwyd gan Dduw, a bod angen diwygiad crefyddol ar gymdeithas trwy gyfrwng unigolion sy'n cael adnewyddiad ysbrydol.

Mae'r gwaith o arwain y grwpiau hyn yn tueddu i gael ei rannu, ac mae'n cael ei weld yn fwy fel gwasanaeth na braint. Mae'r pwyslais ar dwf ysbrydol yr unigolyn a'r grŵp. Mae aelodau'n byw bywyd confensiynol y tu allan i'r grŵp fel arfer. Bydd y grŵp yn aml yn cydweithredu â grwpiau crefyddol eraill ac weithiau bydd rhai yn y mudiad hyd yn oed yn parhau i fod yn aelod o sefydliad crefyddol.

Mae mudiadau crefyddol yn aml yn newid dros y blynyddoedd a gallant symud yn raddol o'r naill gategori i un arall. Er enghraifft, roedd y Mormoniaid, ISKCON a'r 'Moonies' yn wreiddiol yn y categori a oedd yn gwrthod y byd, ond yn awr mae'n fwy cywir dweud eu bod yn y categori ymdopi. Mae hyd yn oed rhai o'r Amish yn ymwneud rhywfaint â'u cymunedau lleol bellach ac yn gwerthu eu nwyddau i dwristiaid. Yr hyn sy'n bwysig i'w nodi yw mai'r categori y mae ynddo sy'n pennu pa nodweddion sydd bwysicaf mewn mudiad.

Nodweddion mudiadau crefyddol newydd

Mae pob mudiad crefyddol newydd yn arddangos y nodweddion canlynol i wahanol raddau, rhai ohonyn nhw prin o gwbl. Rydym eisoes wedi ystyried gwahaniaethau mewn agwedd tuag at gymdeithas a bywyd confensiynol ond mae amrywiaeth fawr hefyd yn eu syniad o beth sy'n wir a beth sy'n ddwyfol. Mae'r nodweddion isod yn dangos fod mudiadau o'r fath yn wahanol i grefyddau traddodiadol a sefydliedig.

1. **Grŵp protest ydyw yn y bon.** Gall fod yn brotest yn erbyn diffyg egni crefydd sefydliedig neu yn erbyn gwerthoedd a disgwyliadau'r wladwriaeth. Gall gynnwys gelyniaeth tuag at o leiaf rai o gredoau, gwerthoedd a sefydliadau bywyd cyfoes a gwrthwynebiad hefyd i rai deddfau (fel y deddfau trethi, gorfodaeth filwrol a phleidleisio). Mae tuedd i anwybyddu neu osgoi ymwneud â system wladol y wlad maen nhw'n byw ynddi. Ystyrir systemau gwleidyddol, cyrff gwladol ac asiantaethau llywodraeth yn amherthnasol os nad yn gwbl ddrwg.

Aelodau Falun Gong yn protestio yn Beijing ym 1999 cyn cael eu gwahardd gan lywodraeth China

2. **Llawer o'i gredoau, arferion a gwerthoedd yn cael eu gwrthod gan gymdeithas.** Mae'r elyniaeth hon yn fwyaf amlwg yn achos mudiadau sy'n gwrthod y byd, ond mae'r cwbl yn cael eu drwgdybio i raddau. Mae pobl yn gwrthod mudiadau crefyddol newydd am eu bod yn ffurfio is-ddiwylliant gwahanol o fewn cymdeithas, sy'n herio ei normau ac weithiau'n bygwth ei gwerthoedd. Dydy'r fath fudiadau byth yn cael eu cynrychioli ar unrhyw achlysuron gwladol neu swyddogol.

3. **Hawlio bod â monopoli ar y gwirionedd neu fewnwelediad arbennig i rai agweddau ar fywyd.** Y ffordd orau neu fwyaf duwiol o fyw yw drwy'r mudiad. Dim ond ei aelodau sy'n 'etholedigion', sydd wedi eu 'hachub' neu sy'n cyflawni potensial llawn eu natur ddynol. Mae grwpiau crefyddol eraill wedi eu camarwain, yn wyrdroëdig neu'n ddieflig.

4. **Dydy rhai credoau a dysgeidiaeth byth yn cael eu cyhoeddi neu eu trafod.** Mae corff o wybodaeth arbennig neu gyfrinachol sydd gan aelodau'r mudiad yn unig, neu sydd ddim ond yn cael ei ddatgelu'n raddol wrth i aelod gynyddu mewn ymrwymiad. Mae hyn yn golygu na chaiff credoau a dysgeidiaeth ddadleuol eu harchwilio'n feirniadol na'u herio gan y grŵp.

5. **Wedi ei sefydlu a'i arwain gan unigolyn carismatig sy'n aml yn cael ei ystyried yn berson arbennig mewn rhyw ffordd.** Mae unrhyw rai eraill sy'n arwain o fewn y mudiad yn lleygwyr di-dâl. Mewn geiriau eraill, does dim syniad o bobl yn gweithredu fel 'offeiriaid proffesiynol'.

6. **Yn wahanol i grefyddau traddodiadol, bydd yn ennill aelodau drwy droëdigaeth yn bennaf.** Mae'n gwrthod sagrafennau uniongred traddodiadol, mae ganddo gyn lleied o ddefodau ag sy'n bosibl a ffurf o addoli sy'n ddwys, yn llawn mynegiant, ac yn cynnwys dysgeidiaeth angerddol, faith. Mae hefyd yn aml yn rhoi mwy o bwyslais ar ddyfodol dramatig (fel Ail Ddyfodiad Crist, Armagedon) nag ar ddigwyddiadau'r gorffennol neu'r presennol.

7. **Mae gan y mudiad reolaeth gaeth dros ei aelodau.** Mae hyn yn cynnwys profion mynediad a diarddel rhai sy'n gwrthod ufuddhau. Disgwylir i aelodau llawn fod yn gwbl ymroddedig i'r mudiad, yn ufudd i'w holl reolau ymddygiad, gan dderbyn pob cred yn ddi-gwestiwn a mynychu'r holl weithgareddau ysbrydol. Ychydig o ryddid meddwl sydd, ac mae hunaniaeth yn aml yn cael ei llethu er mwyn y gymuned.

Pwnc seminar

Sut mae nodweddion mudiad crefyddol newydd yn wahanol i rai crefydd uniongred, draddodiadol, sefydliedig?

Dyfodol mudiadau crefyddol newydd

Does dim rheswm i gredu na fydd mudiadau crefyddol newydd yn parhau i ymffurfio a datblygu yn y dyfodol. Mae'r ffactorau sydd wedi arwain yn y gorffennol at dwf y fath fudiadau yn debygol o barhau, a dydy'r achosion a nodwyd yn gynharach yn y bennod ddim yn debygol o ddiflannu.

Mae anghenion gwahanol grwpiau, fel rhai diwylliannol ddifreintiedig, rhai dan anfantais gymdeithasol, lleiafrifoedd ethnig a rhai sydd wedi diflasu ar grefydd gonfensiynol yn debyg o barhau i achosi twf mudiadau crefyddol newydd. Mae chwilio am ystyr bywyd ac am foddhad ysbrydol, ac edmygu arweinwyr carismatig, yn rhan o'r natur ddynol. Bydd nifer ac atyniad y fath fudiadau yn y dyfodol yn dibynnu ar beth fydd cyflwr cymdeithas a chyflwr crefyddau sefydliedig erbyn hynny.

Beth sy'n glir yw fod mudiadau crefyddol, fel y maen nhw wedi gwneud yn y gorffennol, yn ymddangos a datblygu, ac yn newid neu ddiflannu. Wrth i amser fynd heibio, mae mudiadau sy'n gwrthod y byd naill ai'n mynd yn llai gelyniaethus a mwy confensiynol neu'n gwanhau a marw. Mae mudiadau byd-ddathliadol yn tueddu i addasu i'r diwylliant neu'n cael eu disodli gan fudiadau cwbl newydd sy'n gweddu'n well i syniadau'r oes.

Mewn gair, mae mudiadau crefyddol newydd yn ffenomenon sy'n debygol o barhau i fod yn un ffurf o fynegiant crefyddol am y dyfodol rhagweladwy.

Tasg

Tasg sgrifennu	(a) Amlinellwch nodweddion arbennig mudiadau crefyddol newydd.
	(b) 'Ceir y nifer fawr o fudiadau crefyddol newydd sydd mewn cymdeithas gyfoes oherwydd fod cymaint o bobl yn teimlo'n ddifreintiedig ac o dan anfantais.' Aseswch y farn yma.

Geirfa

asgetig	rhywun hunan-ddisgybledig sydd yn ymatal rhag pleser
élite	grŵp dethol
guru	arweinydd ysbrydol neu grefyddol, Hindŵaidd fel arfer
is-ddiwylliant	grŵp â chredoau ac arferion sy'n groes i'r hyn a ystyrir yn normal gan gymdeithas
lleyg	swyddogaeth ran-amser a di-dâl mewn mudiad, yn enwedig un crefyddol
troëdigaeth	troi o anghrediniaeth at grediniaeth neu o un gred at un arall; y profiad o droi
theodiciaeth	dadl sy'n ceisio cysoni bodolaeth Duw â bodolaeth dioddefaint a drygioni

Pwnc seminar

A ydy mudiadau crefyddol newydd o fudd (a) i grefydd a (b) i gymdeithas?

Crefydd a'r Unigolyn

Nod yr adran

Mae'r adran yma'n gofyn i chi ystyried y cyfraniad a wnaed i astudio crefydd gan ddau seicolegydd allweddol, Sigmund Freud and Carl Jung. Mae hefyd yn gofyn i chi feddwl am werth dull seicolegol o fynd ati i astudio crefydd.

Mae hyn yn golygu y bydd yn rhaid i chi ystyried y materion allweddol a ganlyn:

◗ natur seicoleg crefydd o'i chymharu â disgyblaethau eraill fel cymdeithaseg crefydd;

◗ p'run ai bod arfer crefyddol a chredu mewn crefydd yn beth iach neu'n beth niwrotig;

◗ y syniad mai'r meddwl anymwybodol yw gwir ffynhonnell crefydd;

◗ y rhan mae breuddwydion a straeon crefyddol yn ei chwarae mewn taflu goleuni ar y meddwl anymwybodol;

◗ syniadau Freud fel atalnwyd (repression), alldaflu (projection), nacáu (negation), rhith (illusion) ac aeddfedrwydd (maturity);

◗ syniadau Jung fel yr anymwybod cyffredinol (collective unconscious), yr archdeipiau (archetypes), myth, symbol ac ymunigoli (individuation);

◗ gwerthusiad gwahanol Freud a Jung o'r rhan mae crefydd yn ei chwarae mewn iechyd seicolegol.

Freud

Nod

Ar ôl astudio'r bennod yma, byddwch wedi cael cyflwyniad i ddealltwriaeth Freud o grefydd, ac wedi ei hystyried yn feirniadol.

Yn Adran 3, buoch yn astudio'r ffyrdd rydym yn deall fod crefydd a chymdeithas yn cysylltu â'i gilydd. Mae'r adran yma'n canobwyntio ar yr unigolyn. Mae diffiniad enwog A.N. Whitehead o grefydd yn dweud mai 'crefydd yw'r hyn mae dyn yn ei wneud â'i unigrwydd ei hunan' (yma eto dylid deall fod 'dyn' yn golygu pobl yn gyffredinol). Yn sicr, gellir gweld crefydd fel gweithgaredd personol, un preifat hyd yn oed, sy'n canolbwyntio yn aml ar 'y bywyd mewnol' ac ar feddyliau a theimladau.

Mae damcaniaethau cymdeithasegol am grefydd yn aml yn anwybyddu hynny gan fod yn well ganddyn nhw ystyried gweithgareddau a defodau cymunedol, ond i lawer o bobl yn y byd modern, mae crefydd yn ymwneud â chredoau, agweddau a dewisiadau preifat. Mae defnyddio seicoleg ochr yn ochr â chymdeithaseg i astudio crefydd yn helpu i unioni'r cydbwysedd, gan ganolbwyntio yn fwy ar yr unigolyn.

Mae seicoleg crefydd yn faes eang iawn (ac mae seicoleg yn gyffredinol yn ehangach fyth!). Yn yr adran yma, byddwn yn canolbwyntio ar ddau seicolegydd yn unig: Sigmund Freud (1858-1939) a Carl Jung (1875-1961).

Roedd y ddau'n adnabod ei gilydd, ac roedd Jung, fel mater o ffaith, wedi bod yn ddisgybl i Freud. Roedden nhw'n rhannu llawer o ddamcaniaethau gyda'r ddau yn credu, er enghraifft, fod y meddwl dynol yn cynnwys deunydd 'anymwybodol' nad ydyn ni'n ymwybodol ohono gan mwyaf o ddydd i ddydd. Roedd gan y ddau ddiddordeb hefyd mewn egluro 'pam' mae bodau dynol yn grefyddol. Ond roedden nhw'n anghytuno'n ddwys ar rai materion, yn cynnwys p'run ai a ydy crefydd yn 'beth da' neu beidio, ac yn y pen draw, dilynodd y ddau lwybrau gwahanol.

Mae gwahanol fathau o esboniadau yn cael eu cynnig i egluro pam y mae rhai pobl yn grefyddol. Mae rhai esboniadau yn ceisio dangos pam mae pobl yn cyfranogi mewn gweithgaredd mor ddi-ystyr, un sydd heb ddim sail mewn realiti. Gelwir y math yma o esboniadau yn esboniadau rhydwythol (*reductive*) neu **rydwythiaeth** (*reductionism*). Mae rhai esboniadau seicolegol (ac, yn wir, rhai cymdeithasegol) am grefydd yn rhydwythol. Un arall o nodweddion esboniadau rhydwythol yw fod y peth sy'n cael ei egluro (ymddygiad crefyddol yn y fan yma) yn cael ei egluro yn nhermau disgyblaeth arall, ac nid yn nhermau'r peth ei hunan. Mewn geiriau eraill, mae esboniadau seicolegol rhydwythol o grefydd yn disgrifio crefydd fel swyddogaeth neu gynnyrch y meddwl dynol. Mae esboniadau crefyddol (anrhydwythol) yn disgrifio crefydd fel canlyniad datguddiad, profiad crefyddol neu oleuedigaeth. Efallai y byddai pobl grefyddol yn cytuno fod y meddwl dynol yn chwarae rhan bwysig mewn crefydd, ond fydden nhw ddim yn debygol o gytuno y gellir esbonio crefydd drwy gyfeirio at weithrediad y meddwl dynol yn unig.

Rhoddodd Freud a Jung (i raddau) esboniadau rhydwythol am grefydd, ond mewn ffyrdd gwahanol. I Freud, rhith oedd crefydd, ac roedd yn esbonio hynny drwy gyfeirio at ei ddealltwriaeth o'r meddwl dynol. I Jung, roedd ffynhonnell crefydd yn yr anymwybod dynol, ond doedd hynny ddim yn golygu mai rhith oedd crefydd. Felly mae Freud yn amlwg yn llawer mwy rhydwythol na Jung. Yr enw ar ddamcaniaeth Freud yw **Seicdreiddiad** (*psychoanalysis*), a'r enw ar un Jung yw **Seicoleg Ddadansoddol**.

Pwnc trafod

Wrth i chi ddarllen yr adrannau ar Freud and Jung, trafodwch a ydy esboniadau rhydwythol ar grefydd yn foddhaol.

Sigmund Freud 1856-1939

Carl Gustav Jung 1875-1961

Cefndir

Ganed Sigmund Freud ym 1856 a bu'n byw am y rhan fwyaf o'i fywyd yn Fienna, Awstria. Roedd ei deulu'n Iddewon. Ym 1938 ffôdd oddi wrth y Natsïaid i Lundain, lle bu'n byw hyd ei farwolaeth y flwyddyn ganlynol, ar y 23ain o Fedi 1939. Mae cofianwyr bob amser yn edrych am dystiolaeth o'r modd y dylanwadodd profiadau yn ei fywyd ar ddatblygiad ei ddamcaniaethau.

Er bod ei deulu yn Iddewon, Iddew diwylliannol yn unig oedd Freud. Doedd e ddim yn credu yn y ffydd Iddewig ond roedd yn ymuniaethu'n gryf â'r gymuned Iddewig. Roedd y rhan fwyaf o'i ffrindiau'n Iddewon a byddai'n mynychu cyfarfodydd y B'nai Brith (Y Gymdeithas Iddewig). Yn y brifysgol astudiodd feddygaeth, a oedd ar y pryd ddim ond yn dechrau defnyddio dulliau cwbl wyddonol yn yr ystyr o ddibynnu ar egwyddor achos ac effaith, a gwrthod dealltwriaeth grefyddol o natur ffisioleg ddynol. Bu'n gweithio mewn labordy ymchwil hefyd. Ymddangosodd ei lyfr cyntaf, *Studies on Hysteria*, a sgrifennodd ar y cyd â'i gydweithiwr Josef Breuer, ym 1895, pan oedd yn 39 oed.

Roedd yn byw bywyd teuluol tawel gyda'i wraig a chwech o blant, er gwaetha'r ffaith ei fod, yn ôl pob sôn, yn gymeriad braidd yn niwrotig ac obsesiynol. Roedd yn gasglwr cerfluniau brwd; yn smociwr trwm er bod hynny'n achosi afiechyd; ac uwchlaw popeth arall, yn ôl ei gofianwyr, roedd bob amser yn argyhoeddedig mai fe oedd yn iawn ac yn anoddefgar iawn tuag at unrhyw un a feiddiai anghytuno. Mae'n ddiddorol gweld, er gwaethaf ei elyniaeth tuag at grefydd, ei fod hefyd yn ofergoelus, yn credu mewn rhifoleg (*numerology*). Honnai fod cywilydd arno am hynny, gan ei fod yn amlwg yn groes i'w ddamcaniaethau.

Cerfluniau yn stydi Freud yn Llundain

Damcaniaeth Freudaidd

Roedd gan Freud lu o syniadau cysylltiedig ynglŷn â sut beth oedd y meddwl dynol ac o ble roedd gwahanol fathau o ymddygiad yn dod, sydd wedi eu crynhoi yn y diagram isod. Bydd angen i chi ddeall y syniadau yma er mwyn dilyn trywydd meddwl Freud.

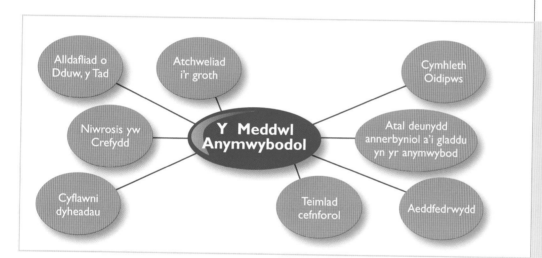

Y Meddwl Anymwybodol

Crefydd fel niwrosis

Ym 1907, sgrifennodd Freud bapur o'r enw 'Obsessive Acts and Religious Practices', lle mae'n disgrifio crefydd fel **'niwrosis obsesiynol hollgyffredinol'** (*universal obsessional neurosis*).

Diffiniad o niwrosis:

anhwylder meddwl sydd yn aml yn gysylltiedig â hysteria, pryder, iselder neu ymddygiad obsesiynol

Datblygodd y syniadau yma mewn gweithiau diweddarach, yn cynnwys *Totem and Taboo* (1913). Mae llawer o resymau pam y credai Freud ei bod yn briodol disgrifio crefydd yn y ffordd yma.

Mae tebygrwydd trawiadol rhwng gweithgareddau crefyddol a gweithgareddau rhywun niwrotig. Mewn anhwylder niwrotig, sy'n aml heddiw'n cael ei alw'n 'Anhwylder

Gorfodaeth Obsesiynol' (*Obsessive Compulsive Disorder* neu *OCD*), bydd dioddefwyr yn ailadrodd gweithredoedd sy'n ymddangos yn ddi-ystyr: er enghraifft, golchi dwylo dro ar ôl tro, neu ddefodau glanhau eraill, neu drefn neilltuol ar gyfer cwblhau tasg gymhleth fel ymadael â'r tŷ (cloi ffenestri a drysau a diffodd goleuadau) neu fynd i'r gwely.

'Bydd unrhyw wyriad oddi wrth ffurfiau yma sy'n ymddangos yn ddibwys yn achosi pryder annioddefol, ac ymdeimlad o euogrwydd llethol am na chawsant eu perfformio. Mae'r seremonïau hyn yn wir wedi mynd yn "weithredoedd cysegredig": ni chaiff dim byd dorri ar eu traws ac yn ddieithriad, cânt eu perfformio'n breifat.'

(Michael Palmer, *Freud and Jung on Religion* (1997) t. 13)

*Defod y sagrafen –
Daniel W Erlander*

Roedd Freud yn gweld tebygrwydd ysgubol rhwng y math yma o ymddygiad, sydd ym marn cymdeithas yn afiach neu'n wyrdroëdig, ag ymddygiad person crefyddol. Y rheswm mae pobl yn credu fod pobl niwrotig yn anhwylus yw nad oes sail ffeithiol a rhesymegol i'w gweithredoedd. Does dim angen golchi dwylo cyson, eithafol, defodol i amddiffyn y corff dynol rhag bacteria. Mae'r bacteria yn ffocws dychmygol i ofnau niwrotig. Felly hefyd mewn crefydd, mae defodau'n cael eu hailadrodd mewn perthynas â Duw nad yw'n seiliedig ar ffaith. Yn union fel y pryder y bydd person niwrotig yn ei deimlo os caiff ei atal rhag perfformio'r gweithgaredd niwrotig, felly y mae'r person crefyddol sy'n cael ei atal rhag perfformio'r defodau gofynnol yn cael ei lethu gan euogrwydd, ymdeimlad o'i 'bechod', ac ofn y 'gosb' sydd i ddod.

Byddai pobl yn cael iachâd seicolegol, neu'n 'aeddfedu', chwedl Freud, pan fydden nhw'n peidio ag ymddwyn yn niwrotig a wynebu bywyd fel y mae. Nod bywyd oedd ymaddasu i'r byd-olwg gwyddonol a throi cefn ar gredoau ac arferion crefyddol niwrotig.

Tasg

Tasgau sgrifennu	a) Yn eich geiriau eich hunan, beth yw'r tebygrwydd rhwng ymddygiad niwrotig a pherfformio defodau crefyddol? Ceisiwch feddwl am o leiaf 5 enghraifft o ymddygiad niwrotig posibl a defodau crefyddol posibl. b) Pa mor rhesymol yw hi i Freud nodi tebygrwydd rhwng ymddygiad niwrotig ac arfer defodol crefyddol? A oes unrhyw broblemau gyda'i ddamcaniaeth? Os ydych yn cael hyn yn anodd, trowch at yr adran 'Beirniadaeth ar Freud''.

Pwnc trafod

A ydy Freud yn iawn i honni fod pobl anghrefyddol yn fwy 'aeddfed' na rhai crefyddol?

Felly, os mai dim ond ymddygiad niwrotig yw arferion crefyddol, mae'n rhesymol gofyn pam felly mae cymaint o bobl yn eu cyflawni. Beth sy'n bod ar feddwl mwyafrif mawr y ddynolryw? Wedi'r cwbl, ceir crefydd ym mhob diwylliant trwy gydol hanes. Y mae (fel yr oedd Freud ei hun yn cydnabod) yn beth hollgyffredinol bron. Er mwyn egluro bodolaeth cred ac arfer crefyddol, roedd gan Freud ddamcaniaeth eithaf cymhleth am y meddwl dynol. Yn gyntaf, credai ei fod yn cynnwys deunydd anymwybodol. Roedd ganddo syniadau pendant iawn (sydd wedi cael eu beirniadu'n eang) am natur y deunydd hwnnw. Dadleuai fod cynnwys yr anymwybod yn dod allan mewn ffyrdd od a gwyrdroëdig ar ffurf 'alldaflu' (*projection*). Dydy'r syniad o Dduw a geir mewn llawer o grefyddau ddim yn real ond yn alldafliad o'r anymwybod. Mae bodau dynol, am eu bod yn wan a heb fod yn ceisio aeddfedrwydd, yn glynu wrth y syniad hwn o Dduw (ond maen nhw ar yr un pryd yn ei ofni). Wrth wneud hyn, mewn gwirionedd maen nhw'n atchwelyd (*regress*) neu'n mynd tuag yn ôl yn eu datblygiad, gan droi oddi wrth aeddfedrwydd a rheolaeth bersonol a thuag at, yn nhermau Freud, y groth.

Gadewch i ni edrych ar rai o'r syniadau yma yn fwy manwl.

Y meddwl anymwybodol

Yn gynnar yn ei yrfa, bu Freud a Josef Breuer yn gweithio gyda chleifion â salwch emosiynol. Yn unol â'r ffordd newydd, 'achos-ac-effaith' o ddeall gwyddoniaeth, roedden nhw'n dadlau mai rhyw ddigwyddiad trawmatig roedd y claf wedi anghofio amdano oedd wedi achosi'r anhwylder emosiynol. Wedi'r digwyddiad, roedd y claf wedi atal (*repress* – mae hwn yn air pwysig yn y derminoleg Freudaidd) neu gladdu pob atgof amdano. Mewn geiriau eraill, roedd yr atgofion yma wedi mynd i mewn i'r meddwl anymwybodol, rhan o'r meddwl nad yw ar gael i'r person fel arfer, ond sydd rywsut yn dal i fod 'yno' gan ddylanwadu ar ei ymddygiad. Roedd achos enwog Breuer, sef y fenyw hysterig Anna O, y llwyddodd i'w gwella drwy ei galluogi i gofio digwyddiad trwy hypnosis, yn ddylanwad mawr ar ddatblygiad damcaniaeth y Meddwl Anymwybodol gan Freud.

Noder: os oes gennych ddiddordeb yn rhai o achosion eraill Freud, gallwch ddarllen amdanyn nhw yn *The Wolfman and Other Cases* (*Penguin Classic, 2002*)

Roedd Freud yn credu fod gan bob person feddwl anymwybodol, ac er mwyn cyrraedd 'aeddfedrwydd' neu iechyd seicolegol, fod yn rhaid i'r unigolyn wynebu a dod i dderbyn ei gynnwys. Byddai'n synhwyrol gofyn yn y fan yma 'pa fath o ddeunydd sydd yn y meddwl anymwybodol?' Yn ei waith gyda nifer fawr o gleifion, fel yn achos Anna O, darganfu Freud fod ffynhonnell ymddygiad niwrotig i'w chanfod mewn rhyw fath o ddigwyddiad trawmatig, neu rhyw fath o brofiad rhywiol neu chwant mewn plentyndod.

Dydy bodau dynol ddim yn gallu wynebu'r syniad fod ganddyn nhw chwantau rhywiol annerbyniol sydd yn hynod bwerus. Oherwydd hynny, mae'r nwydau hyn yn cael eu hatal a'u claddu yn yr anymwybod, fel ein bod yn anymwybodol ohonyn nhw. I Freud, fodd bynnag, nid enghreifftiau prin o brofiadau roedd rhai pobl – ond nid rhai eraill – efallai wedi eu cael oedd y rhain: y nwydau cudd ond pwerus yma oedd yn ffurfio meddwl anymwybodol pob person. Galwai Freud hyn yn Gymhleth Oedipws (*Oedipus Complex*). Roedd hyd yn oed damcaniaeth ganddo i egluro pam roedd yr holl ddynolryw yn dioddef o Gymhleth Oedipws.

Cymhleth Oedipws a damcaniaeth yr Haid Wreiddiol

Oedipws a'r Sphincs o lestr yfed ffigyrau-coch Atig o tua 470 COG, Amgueddfa'r Fatican

Yn chwedl y Groegiaid gynt am Oedipws, y sonir amdani gan Homer ac eraill, mae Oedipws yn cael ei eni i Laiws a Jocasta. Ar ei enedigaeth, proffwydir y bydd yn lladd ei dad ac yn priodi ei fam. Er mwyn osgoi gwireddu'r broffwydoliaeth yma, cafodd ei anfon i ffwrdd i gael ei ladd, ond y cwbl wnaeth y bugail oedd i fod i'w ladd oedd ei grogi ar goeden, a fe oroesodd. Ar daith, cwrddodd Oedipws â dyn wrth groesffordd; fe fu ffrae, a lladdodd Oedipws y dyn, heb wybod mai ei dad, Laiws, oedd e.

Ar ôl cyrraedd Thebae, dyma Oedipws yn datrys dirgelwch y Sffincs a oedd wedi bod yn gormesu'r ddinas. O ddiolchgarwch, gwnaeth y Thebiaid Oedipws yn frenin arnyn nhw, a rhoi Jocasta iddo yn wraig fel rhan o'r wobr. Wyddai ef na neb arall mai hi oedd ei fam. Ganed pedwar o blant iddyn nhw. Ond yn y man, dysgodd Oedipws y gwirionedd gan fugail, aeth yn wallgof a dallodd ei hun. Lladdodd Jocasta ei hunan.

Cymerodd Freud y chwedl yma a'i defnyddio mewn ffordd wahanol er mwyn hawlio fod gan fodau dynol, yn ddwfn yn yr anymwybod, awydd lladd eu tad a chael cyfathrach rywiol gyda'u mam. Honnai fod rheswm hanesyddol am hynny. Yn ei lyfr *Totem and Taboo* hawliai fod pobl gyntefig yn byw mewn grwpiau neu 'heidiau' o dan reolaeth dyn pwerus a fyddai'n cael cyfathrach rywiol â'r holl fenywod yn y grŵp ac yn trechu unrhyw ddynion a geisiai ddwyn yr hyn oedd yn eiddo iddi ef.

Yn ôl damcaniaeth Freud, yn gynnar yn hanes y ddynolryw, daeth dynion yr haid ynghyd, wedi eu gyrru gan chwant, casineb a chenfigen, a lladd y ffigwr tadol er mwyn gallu cael gafael ar y menywod. Yna, wedi eu llethu gan euogrwydd, dyma nhw'n gosod totem neu symbol (yn y dyddiau hynny, anifail) yn lle'r tad a gwneud dwy reol: yn gyntaf, doedd neb i fod i ladd y totem, ac yn ail, doedd neb i fod i gyflawni llosgach (eu chwant gwreiddiol). Ym marn Freud, y weithred hon oedd man cychwyn crefydd. Mae'n egluro pam y mae Cymhleth Oedipws ym mhob bod dynol (neu ym mhob dyn, o leiaf) y mae'n rhaid ei 'reoli', a bod yna hefyd ffigwr symbolaidd sy'n achosi euogrwydd ac ofn, ond sydd hefyd yn gysegredig ac yn gorfod cael ei amddiffyn, h.y. Duw. Nid cyd-ddigwyddiad mo'r ffaith fod y prif grefyddau undduwiol yn ystyried Duw yn 'Dad'.

Alldaflu

Ym marn Freud, alldafliad o gynnwys yr anymwybod oedd Duw, a dim byd mwy: cyfanswm holl hofnau, euogrwydd a chwantau cudd y ddynolryw, yn ymestyn yn ôl i wawr hanes.

Mae alldaflu yn syniad diddorol, a gellid dadlau ein bod yn gwneud hynny drwy'r amser. Mae syniadau sydd eisoes yn ein pennau yn effeithio ar y ffordd rydym yn gweld y byd. Ydych chi erioed wedi gweld person enwog yn y cnawd, a meddwl ei fod yn dalach ac yn fwy pefriog na phawb o'i gwmpas, neu wedi gweld pry cop yn rhedeg ar draws llawr, nes sylweddoli'n sydyn mae dim darn o fflwff sydd yno, yn chwythu mewn drafft? Mae'n meddyliau yn 'alldaflu' yr hyn rydym yn disgwyl ei weld ar realiti am resymau digon emosiynol weithiau. Mae enwogion yn dal ac yn befriog am ein bod yn dymuno hynny, mae'r fflwff yn bry cop oherwydd yr ofn sydd ynom. Gall yr awydd a'r ofn yma fod yn gwbl anymwybodol ond mae'n effeithio ar sut rydym yn gweld y byd.

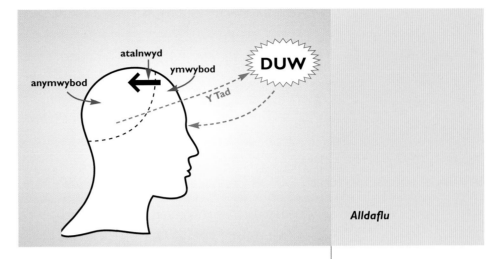

Alldaflu

Fel y gwelai Freud hi, roedd alldaflu yn egluro llawer o gynyrfiadau emosiynol a seicolegol y gellid eu gwella trwy weld beth oedd eu hachos anymwybodol a thrafod hynny (mae Freud yn galw Seicdreiddiad yn 'iachâd drwy siarad'). Roedd hyn hefyd yn egluro beth sy'n digwydd mewn breuddwydion. I Freud, alldafliadau oedd cymeriadau a digwyddiadau mewn breuddwydion, ac fe allen nhw awgrymu, o'u hastudio'n iawn, beth yw cynnwys yr anymwybod. Ond yn fwy pwysig o safbwynt ein hastudiaeth ni, credai mai alldafliadau o'r meddwl anymwybodol oedd cymeriadau a straeon crefyddol ac, yn enwedig, ffigwr Duw, o ganlyniad i Gymhleth Oedipws ataliedig roedd yr holl ddynolryw'n dioddef ohono ers cyfnod cynnar yn ei hanes. Wrth gwrs, mae'r rhan fwyaf o bobl yn gwadu mai alldafliadau o'r anymwybod yw'r ffigyrau hyn. Galwai Freud hynny yn 'nacáu' (negation), a dadleuai ei fod yn dangos fod atalnwyd yn dal i ddigwydd.

Tasg

Tasg sgrifennu	Pa mor argyhoeddiadol yw syniad Freud o 'alldaflu'?

Pwnc seminar

Fel grŵp, allwch chi feddwl am unrhyw enghreifftiau o alldaflu sy'n digwydd wrth i chi feddwl am y byd? Mae hwn yn gwestiwn anodd, oherwydd y rhan fwyaf o'r amser dydyn ni ddim yn ymwybodol o'r ffaith ein bod yn alldaflu!

Ym marn Freud, nid dim ond crefydd oedd yn gynnyrch deunydd a oedd wedi ei gladdu yn yr anymwybod, ond diwylliant hefyd. 'Trosgyfeirio' (sublimation) yw llawer o ymddygiad dynol. Er enghraifft, mae gwaith llawer o artistiaid yn deillio o drosgyfeirio cynnwys yr anymwybod. Mae trosgyfeirio yn golygu defnyddio egni cynyrfiadau rhywiol neu ddinistriol mewn ffordd sy'n dderbyniol gan gymdeithas.

Y Teimlad Cefnforol a chyflawni dyheadau

Mewn llyfr o'r enw *Civilization and its Discontents*, mae Freud yn ymgysylltu â chyfaill o awdur, Romain Rolland, a oedd wedi dweud wrtho am y profiad cyfriniol, a geir mewn llawer o draddodiadau crefyddol, lle mae'r cyfrinydd yn cael profiad ysgubol o bwerus o fod yn un gyda Duw neu'r bydysawd. Roedd Rolland wedi disgrifio hyn fel y **Teimlad Cefnforol** (*Oceanic Feeling*), term roedd y cyfrinydd Hindŵaidd Ramakrishna wedi ei ddefnyddio hefyd.

Ramakrishna, cyfrinydd Hindŵaidd a fathodd y term 'y teimlad cefnforol"

Doedd hynny ddim yn argyhoeddi Freud; yn hytrach, mae'n dadlau fod hyn yn tystio i wir natur crefydd sef dim mwy na 'chyflawniad dyheadau' (wish-fulfilment). Roedd y syniad hwn wedi bod yn thema gref yn un o'i lyfrau blaenorol, The Future of an Illusion. All bodau dynol ddim ymdopi â bywyd fel bodau annibynnol. Maen nhw'n ei ganfod fel peth unig, bygythiol. Doedd dim rhaid i fabanod fod yn unigolion gydag ego. Roedden nhw'n dibynnu'n llwyr ar eu mam. Y cyflwr mwyaf cysurus a chysylltiedig â rhywun arall, wrth gwrs, yw bod yn y groth, lle nad ydy rhywun hyd yn oed yn fod ar wahân heb sôn am deimlo'n unig. I Freud, doedd yr awydd am brofiad cyfriniol, sy'n cael ei ddathlu gymaint mewn crefyddau, yn ddim mwy nag awydd dychwelyd i'r groth, i fod ag ymdeimlad o fod yn gwbl gysylltiedig a heb fod ar wahân. Dyma'r gwrthwyneb llwyr i geisio aeddfedrwydd; atchweliad ydyw, mewn gwirionedd. Mae felly'n eironig iawn fod pobl yn ystyried y profiad yma yn uchafbwynt datblygiad ysbrydol.

Tasg

Tasg sgrifennu	A ydy Freud yn deg i gyhuddo crefydd o fod yn ddim mwy nag ymgais i gyflawni dyheadau?

Beirniadaeth ar Freud

Freud yw un o'r meddylwyr modern y bu fwyaf o feirniadu arno, ac mae llawer o ymchwil ddiweddarach yn awgrymu fod problemau gyda'r ffordd roedd e'n deall crefydd.

Crefydd fel niwrosis hollgyffredinol

Mae ymchwil wedi dangos fod pobl grefyddol mewn gwirionedd yn llai niwrotig nag eraill. Mae llyfr Benjamin Beit-Hallahmi a Michael Argyle, The Psychology of Religious Behaviour, Belief and Experience (1997) yn bwrw golwg dros lawer o'r ymchwil yma. Mae pobl grefyddol yn llai tebygol na rhai anghrefyddol o ddioddef salwch meddwl, teimlo'n isel neu'n hunan-laddol, neu bod yn seicotig.

Mae hefyd yn bosibl dadlau, os yw crefydd yn hollgyffredinol, yna ni all fod yn abnormal, yn gwyro oddi wrth y norm, Dydy dweud 'mae'r rhan fwyaf o bobl yn abnormal' ddim yn gwneud synnwyr. Y 'rhan fwyaf' sy'n diffinio'r norm, o reidrwydd.

Caiff Freud ei feirniadu hefyd am weld crefydd fel dim ond defod. Tra gall perfformio defodau i lefel eithafol fod yn niwrotig, mae crefydd yn llawer mwy na pharchu defodau. Yn wir, yn y rhan fwyaf o grefyddau, mae perfformio defodau yn slafaidd yn y gred y bydd hynny'n arbed rhywun rhag damnedigaeth yn cael ei feirniadu'n hallt.

Cymhleth Oedipws a damcaniaeth yr Haid Wreiddiol

Er bod rhywfaint o ymchwil wedi cefnogi'r syniad o atalnwyd, mae damcaniaeth Cymhleth Oedipws Freud yn dal yn ddadleuol dros ben. Mae'r syniad o Haid Wreiddiol wedi cael ei wrthod yn llwyr. Mae damcaniaeth Freud yn dibynnu ar y syniad fod nodweddion yn cael eu hetifeddu o'r naill genhedlaeth i'r nesaf. Damcaniaeth y gwyddonydd esblygol Jean-Baptiste Lamarck oedd hon, ond roedd ei waith ef, hyd yn oed yn oes Freud, yn cael ei wrthod gan y mwyafrif. Glynai Freud yn ystyfnig wrth y farn yma nid am resymau gwyddonol ond am ei bod yn helpu i gynnal seiliau seicdreiddiad. Doedd dim tystiolaeth o blaid yr haid wreiddiol, y tad-laddiad gwreiddiol, nac o etifeddiaeth enynnol o euogrwydd ac ofn. Er bod rhywfaint o dystiolaeth o blaid totemiaeth, doedd dim cefnogaeth gyffredinol i'r syniad, o bell fordd. Mae'n anodd iawn hawlio mai Cymhleth Oedipws ataliedig sydd wrth wraidd crefydd sy'n addoli duwies, neu mewn cymdeithas famlinachol (*matrilineal*), sef un lle mae gwragedd â'r awdurdod. Dim ond duw gwrywaidd y gallai Cymhleth Oedipws ei egluro.

Mae Freud yn cael ei feirniadu am ei agwedd wrywaidd iawn tuag at gymdeithas a chrefydd. Dywedai fod menywod yn dioddef o genfigen y pidyn oherwydd mai dynion heb bidyn oedden nhw, i bob diben. Roedd rhan o'r Cymhleth Oedipws y dioddefai dynion ohono yn ymwneud ag ofn cael eu sbaddu fel cosb am eu pechod (h.y. pechod gwreiddiol lladd tad yr Haid Gyntefig). Dyna oedd ffynhonnell 'ofn Duw'. Credai Freud y byddai bechgyn ifanc yn gweld menywod fel dim mwy na dynion wedi eu sbaddu, a fyddai'n cadarnhau ofnau'r bechgyn. Dim rhyfedd mai ychydig iawn o dystiolaeth a fu i gefnogi'r ddamcaniaeth yma!

Crefydd fel cyflawniad dyheadau

Gwelai Freud grefydd fel rhywbeth a oedd yn cynnig math o garthen gysur. Byddai llawer o bobl grefyddol yn dadlau, er bod crefydd yn gallu cynnig cysur mawr ar adegau, nad dyna'r rheswm dros fod yn grefyddol, ac nad yw'n gysur bob amser. Weithiau bydd eu crefydd yn achosi i bobl gael eu herlid neu eu bygwth. Mae crefydd hefyd yn gwneud i bobl wynebu'r cwestiynau eithaf ynglŷn â phwy ydyn ni a beth sy'n digwydd pan fyddwn ni farw. Gellid dweud mai'r bobl â'u pennau yn y tywod, â'u holl fryd ar fyw bywyd pleserus a materol, yw'r rhai sydd yn wir yn chwilio am garthen gysur.

Crefydd fel rhith

Wrth gwrs, mae'r cwestiwn p'run ai bod honiadau crefydd yn ffeithiol wir wedi bod yn destun dadl ar hyd y canrifoedd heb i neb ddod i gasgliad boddhaol. Efallai fod Freud yn iawn, ac efallai mai rhith yw crefydd. Ond mae Freud yn cael ei feirniadu am ragdybio fod rhith yn beth gwael ac y dylid felly ei wrthod. Byddai llawer o bobl yn dadlau fod 'rhith', ar ffurf celf, dychymyg a chreadigrwydd, dyweder, yn beth positif. Efallai mai 'stori' yw crefydd, ond stori dda i ddiwylliant ei meddu efallai. I roi'r peth mewn ffordd arall, mae cyfosodiad realiti a rhith yng ngwaith Freud yn rhy eithafol. Mae'r rhai sydd o'r farn yma yn aml yn cefnogi barn Jung am grefydd (gweler pennod 10.)

Mae pobl yn symud tuag at fyd-olwg gwyddonol

Hawliai Freud, pan fyddai cymdeithas yn troi cefn ar grefydd ac ofergoeledd ac yn troi at fyd-olwg gwyddonol, y byddai'n datblygu i fod yn gymdeithas iach. Mae hanes wedi gweld rhai cymdeithasau'n rhoi cynnig ar hynny, fel yr Undeb Sofietaidd a China gomiwnyddol. Does dim tystiolaeth fod y cymdeithasau yma wedi bod yn fwy iach na'r rhai wnaeth ddal gafael ar eu crefydd. Does dim tystiolaeth fod agwedd wyddonol yn iachach nag un grefyddol, ac mae rhywfaint o dystiolaeth mai'r gwrthwyneb sy'n wir.

Cylchol a rhydwythol

Mae rhai pobl yn gwrthod damcaniaeth Freud am mai anghrediniaeth yw ei fan cychwyn, ac mae ei ddadl yn mynd ymlaen i gadarnhau'r anghrediniaeth honno. Mae'n cael ei gyhuddo o ddadl gylchol, sy'n unochrog o'r cychwyn cyntaf. Mae ei ddamcaniaeth yn rhydwythol hefyd: mae'n ceisio tanseilio crefydd (h.y. egluro pam y mae pobl yn ymddwyn yn y ffordd anghywir yma) yn nhermau disgyblaeth sydd yn gyfan gwbl y tu allan i grefydd, sef seicoleg. Gwell fyddai damcaniaeth anrhydwythol a fyddai'n ceisio edrych ar grefydd ar ei thelerau ei hunan.

Dyfyniadau defnyddiol o waith Freud

'Os yw dyn am gael gwir syniad o lawn ysblander crefydd, rhaid iddo gadw mewn cof yr hyn mae [crefydd] yn addo ei wneud ar gyfer dynion. Mae'n rhoi gwybodaeth iddynt am ffynhonnell a tharddiad y bydysawd, mae'n addo eu diogelu a dod â hapusrwydd terfynol iddynt yng nghanol helyntion cyfnewidiol bywyd, ac mae'n llywio eu meddyliau a'u symudiadau trwy gyfrwng gorchmynion a gefnogir gan holl rym ei hawdurdod'.
New Introductory Lectures on Psychoanalysis

'Rhith yw crefydd, sy'n magu nerth o'r ffaith ei bod yn cyd-daro â'n dyheadau greddfol.'
New Introductory Lectures on Psychoanalysis

'Mae credinwyr selog wedi eu diogelu i raddau helaeth yn erbyn rhai anhwylderau niwrotig; mae derbyn y niwrosis hollgyffredinol yn eu harbed rhag gorfod creu un personol.'
The Future of an Illusion

'Yn y bon, dydy Duw yn ddim byd mwy na thad aruchel.'
Totem and Taboo

'Yn y pen draw, ni all dim wrthsefyll rheswm a phrofiad, ac mae crefydd yn amlwg yn eu gwrthddweud ill dau.'
The Future of an Illusion

'Po fwyaf y bydd ffrwyth gwybodaeth ar gael i bobl, y mwyaf eang y bydd dirywiad cred grefyddol.'
The Future of an Illusion

'Byddai'n braf iawn pe bai yna Dduw a greodd y byd ac a oedd yn rhagluniaeth hael, a phe bai trefn foesol yn y bydysawd a bywyd ar ôl marwolaeth; ond y ffaith drawiadol amdani yw fod hyn oll yn union fel y byddem yn siŵr o ddymuno i bethau fod.'
The Future of an Illusion

Geirfa

aeddfedrwydd	Cyflwr mewn datblygiad seicolegol lle mae'r unigolyn wedi ymaddasu i fyd-olwg gwyddonol, a heb fod yn alldaflu deunydd o'r anymwybod bellach
alldafliad	Mae cynnwys yr ymwybod yn dod i'r amlwg, mewn ffyrdd gwyrdroëdig, yn aml mewn breuddwydion a chredoau crefyddol, a hefyd mewn perthynas ac mewn bywyd bob-dydd
atalnwyd	Y broses o wthio deunydd na all rhywun ei wynebu'n ymwybodol i lawr i mewn i'r anymwybod
atchweliad	Gwrthwyneb aeddfedu. Yr awydd am ddychwelyd i'r groth. Roedd Freud yn disgrifio'r awydd am brofiad crefyddol fel atchweliad
cyflawni dyheadau	Y gred ffals fod rhywbeth yn wir ddim ond am ein bod yn dymuno iddo fod
Cymhleth Oedipws	Damcaniaeth Freud fod dynion, ar lefel anymwybodol, am gael cyfathrach rywiol gyda'u mamau, ac yn casáu ac yn ofni (ac yn dymuno lladd) eu tadau
Damcaniaeth yr Haid Wreiddiol	I egluro bodolaeth Cymhleth Oedipws, dadleuai Freud fod tad-laddiad (*patricide*) wedi digwydd yn y cymdeithasau cynharaf er mwyn i'r dynion ifanc allu meddiannu menywod y llwyth (haid) yn rhywiol. Mewn euogrwydd am y llofruddiaeth, codwyd totem yn lle'r tad, a rhoddwyd gwaharddiad (tabŵ) ar ladd y totem ac ar losgach. Mae euogrwydd am y weithred wreiddiol honno wedi parhau i fod yn rhan o gymeriad bodau dynol o'r adeg honno hyd y presennol.
nacáu	Atalnwydau'n codi yn y meddwl ymwybodol tra'n dal i gael eu gwadu gan yr unigolyn
niwrosis	Anhwylder meddwl sydd yn aml yn gysylltiedig â hysteria, pryder, iselder neu ymddygiad obsesiynol
rhith	Rhywbeth mae pobl yn ei gredu ond nad yw'n debyg o fod yn wir. I Freud, rhith oedd crefydd
rhydwythiaeth	Esbonio ffenomenon yn nhermau disgwrs arall, yn hytrach na'i ddisgrifio yn ei dermau ei hun
seicdreiddiad	Damcaniaeth a dull seicolegol Freud o ddod â phobl at aeddfedrwydd
seicoleg ddadansoddol	Damcaniaeth seicolegol Jung
tabŵ	Gwaharddiad (e.e. rhag lladd y totem neu rhag cyflawni llosgach)
Teimlad Cefnforol	Teimlad a nodwyd gan gyfrinwyr o draddodiadau crefyddol y byd o fod yn un gyda Duw neu'r bydysawd. Cafodd y term ei ddefnyddio gan Ramakrishna, a dywedodd Romain Rolland wrth Freud amdano
totem	Symbol
trosgyfeiriad	Defnyddio egni ysgogiadau rhywiol neu ddinistriol mewn ffyrdd derbyniol gan gymdeithas

Jung

Ar ôl astudio'r bennod yma, byddwch wedi cael cyflwyniad i ddealltwriaeth Jung o grefydd, ac wedi ei hystyried yn feirniadol.

Cefndir

Ganed Carl Gustav Jung ym 1875 i deulu o'r Swistir. Roedd ei dad yn ysgolhaig ac yn weinidog a oedd wedi colli ei ffydd ond heb fod yn ddigon dewr i adael ei swydd, dyn braidd yn wan i bob golwg. Roedd ei fam yn anhapus ac mae'n bosibl ei bod wedi dioddef o salwch meddwl. Dim rhyfedd felly fod Carl yn blentyn od, yn ffroenuchel ac yn swil a di-ddweud, yn treulio'u amser mewn cuddfannau cyfrinachol, yn byw yn ei feddwl ac yn cael breuddwydion rhyfedd.

Gwellodd pethau pan aeth i Brifysgol Basel ym 1895 ac astudio meddygaeth yn gyntaf, a seiciatreg wedyn. Tra roedd yno, gwnaeth astudiaeth o'i gyfnither bymtheg mlwydd oed, Helen a hawliai ei bod wedi ei rheoli gan ysbrydion, a phan fyddai mewn pêr-lewyg, byddai ei hacen yn newid yn llwyr, ffenomenon a oedd yn cyfareddu Jung. Dyma oedd man cychwyn diddordeb a barodd weddill ei oes. Yn y man, aeth Jung yn ddarlithydd mewn seiciatreg ym Mhrifysgol Zurich, ac ym 1907 cwrddodd â Sigmund Freud a mynd yn ddisgybl iddo.

Yn y dechrau, roedd Freud yn ffigwr tadol i Jung, peth roedd ei angen arno wedi ei brofiad o wendid a diffyg cymeriad ei dad ei hunan. Ond, wrth gwrs, roedd hynny'n broblem i Freud, oherwydd ei fod yn credu fod gan bob mab Gymhleth Oedipws ac awydd lladd ei dad, ac felly, er ei fod yn crefu parch Jung, roedd hefyd yn teimlo wedi ei fygwth ganddo. Dros amser, daeth Jung i weld na allai dderbyn barn negyddol Freud am grefydd, a'r ffordd roedd yn darostwng pob ymddygiad dynol i rywioldeb. Ym marn Jung, doedd Freud ddim yn wyddonydd sgeptigol fel yr hawliai, ond, yn hytrach, yn ddyn dogmatig ac afresymegol.

Dechreuodd syniadau Jung ddatblygu i gyfeiriad gwahanol iawn. Tra credai Freud mai alldafliad deunydd rhywiol yn yr anymwybod oedd crefydd, credai Jung fod crefydd yn realiti ar y lefel seicig (anymwybodol). Credai hefyd nad oedd crefydd yn symptom o niwrosis ac anaeddfedrwydd, ond ei bod yn wir yn angenrheidiol ar gyfer ymunigoli (*individuation*), enw Jung ar y broses o fod yn gyfan ac aeddfedu yn seicolegol.

Carl ac Emma Jung

Wrth i Jung ddechrau cyhoeddi ei syniadau, agorodd rhwyg mawr rhwng y ddau ddyn ac ym 1913, ymddiswyddod Jung fel llywydd y Gymdeithas Seicdreiddiol a gawsai ei sefydlu gan Freud, ac ni fu mwy o gysylltiad rhyngddyn nhw. Am y pedair neu bum mlynedd nesaf dioddefodd Jung nifer o broblemau seicolegol anodd ei hunan, wedi eu hachosi, medden nhw, gan broblemau yn ei briodas.

Roed Jung wedi priodi Emma Rauschenbach ym 1903, ac roedd ganddyn nhw bedair merch a mab. Mae'n amlwg fod Jung yn caru Emma ar hyd ei oes, ond roedd hefyd yn caru menyw o'r enw Toni Wolff, y mynnai fod arno ei hangen fel ysbrydoliaeth. Casglodd nifer o fenywod eraill ymroddedig o'i gwmpas hefyd. Câi Emma hyn yn anodd iawn i'w dderbyn, er iddi ildio yn y pen draw. Ond roedd yn gyfnod trawmatig i'r ddau. Roedd y cynnwrf seicolegol a brofodd Jung yn greadigol iawn hefyd, a ganed y rhan fwyaf o'i syniadau arloesol yn y cyfnod yma.

Damcaniaeth Jungaidd

Roedd ar ddamcaniaeth Jung ddyled fawr i Freud o'r safbwynt ei fod yn derbyn y syniad o'r meddwl anymwybodol (gyda rhai newidiadau) ac yn credu fod crefydd yn alldafliad o'r anymwybod. Ond i Jung, doedd hynny ddim yn gwneud crefydd yn rhith fel yr oedd i Freud. Er mai ffynhonnell crefydd oedd yn anymwybod, roedd hwn yn realiti mwy gwir na phethau allanol, Roedd ei ddealltwriaeth o natur y meddwl anymwybodol yn wahanol iawn hefyd. Cyhoeddodd ei esboniad mawr cyntaf ar ei ddamcaniaeth yn ei lyfr *Symbols of Transformation* ym 1911.

Yr Anymwybod Cyffredinol

I Freud, mae'r meddwl anymwybodol yn cynnwys y profiadau cudd nad yw'n unigolyn yn gallu eu hwynebu ar y lefel ymwybodol. I Jung, sy'n derbyn bodolaeth anymwybod personol, mae'r meddwl anymwybodol yn cynnwys llawer mwy o ddeunydd na hynny, ac mewn gwirionedd, mae'r rhan fwyaf ohono yn gyffredin i'r holl ddynolryw, ac nid y profiad unigol sy'n ei atal. Ei enw ef ar y maes anferth hwn o fewn y seici (meddwl) dynol oedd yr Anymwybod Cyffredinol, a dywedai ei fod yn cynnwys delweddau cyntefig sy'n gyffredin i'r holl ddynoliaeth, sef yr 'archdeipiau'. Dydy plant ddim yn cael eu geni â seici gwag, ond gyda'r deleddau hyn eisoes yn eu meddyliau anymwybodol.

Mae'r delweddau yma, yr archdeipiau neu, mewn geiriau eraill, 'agweddau ar yr hunan', yn dylanwadu'n fawr iawn ar y ffordd y byddwn yn ymwneud â'r byd. Yr allwedd i syniad Jung o iechyd seicolegol oedd cydbwysedd. Os bydd un archdeip yn rheoli yn y seici, bydd y person yn dioddef o niwrosis neu hyd yn oed sgitsoffrenia. Roedd y daith tuag at ymunigoli yn golygu gwneud yr archdeipiau yn ymwybodol; neu, mewn geiriau eraill, integreiddio'r anymwybod a'r meddwl ymwybodol.

Mae'n amhosibl adnabod yr archdeipiau'n uniongyrchol: maen nhw'n ddirgel ac allan o gyrraedd meddwl ymwybodol. Ond maen nhw'n cael eu halldaflu ar ffurf chwedlau a symbolau, a gelir eu hadnabod yn y ffordd yma. Felly, o safbwynt Jung, roedd gwybod am symbolau a naratifau crefyddol ac ymwneud â nhw yn hollbwysig er mwyn deall yr archdeipiau.

Mae'r archdeipiau yn cael eu halldaflu mewn ffyrdd eraill hefyd. Mae breuddwydion a synfyfyrdodau (a alwai Jung yn weledigaethau) yn cynnwys deunydd anymwybodol, ac os cânt eu dehongli'n gywir maen nhw'n dangos yr archdeipiau i'r ymwybod. Hefyd, yn ein perthynas â phobl yn y byd, byddwn yn alldaflu neu, chwedl Jung, yn 'rhoi sylwedd i' ddeunydd archdeipol, heb sylweddoli hynny fel arfer.

Yr Archdeipiau

Mae yna lawer o archdeipiau, ond mae rhai yn arbennig o bwysig

Y Persona

Y Persona

Mae'r term 'persona' yn cyfeirio at y masg y byddai actor Groegaidd Clasurol yn ei wisgo i ddangos pa ran roedd yn ei chwarae. Dyma archdeip yr hunan y byddwn yn ei gyflwyno i'r byd, ac mae'n gysylltiedig â'r rhan y byddwn yn ei chwarae mewn bywyd. Rydym yn 'fyfyriwr' neu yn 'athro' neu 'athrawes'.Os ydy archdeip y persona yn rhy gryf, byddwn yn cael breuddwydion pryder am ymddangos yn noeth yn ein man gwaith.

Y Cysgod

Mae'r archdeip yma yn cynnwys popeth amdanom na allwn ei wynebu, ac nad ydym am ei ddatgelu i neb. Mae'n cynnwys ein gallu i wneud pethau sy'n groes i'n hegwyddorion moesol, hynny yw, ochr dywyll ein persona. Am na allwn ei wynebu fel unigolion, mae'r cysgod yn aml yn cael ei alldaflu fel cymeriadau neilltuol mewn diwylliannau, fel y diafol mewn crefydd, neu 'ddihirod' mewn chwedlau a straeon, hynafol neu fodern. Mae'r ffigyrau hyn yn ymddangos yn arbennig o bwerus i ni am eu bod yn dweud wrthym am y drygioni posibl sydd o'n mewn.

Byddai seicolegwyr Jungaidd yn digrifio obsesiwn rhai pobl gyda throseddau milain nid fel diddordeb mewn pobl eraill ond fel eu taith i ddeall eu cysgod eu hunain. Pan ellir wynebu realiti'r cysgod ar lefel ymwybodol, bydd hynny'n cydbwyso ei bŵer fel archdeip gyda'r gweddill, fel na fydd yn gallu'n rheoli'n ddirgel o ddyfnder yr ymwybod.

Pan fyddwn yn credu fod rhywun yn atgas, yn aml heb ddim rheswm arbennig, byddai Jung yn dweud mai'r hyn sy'n digwydd ar y lefel anymwybodol yw ein bod yn alldaflu ein cysgod ein hunain ar y person hwnnw, sydd yn gwneud i ni arswydo. Peth digon cyffredin yw credu nad ydyn ni'n hoffi pobl am eu bod yn cynrychioli'r pethau nad ydyn ni'n eu hoffi ynom ni ein hunain. Byddai Jung yn cytuno â hynny, ac yn pwysleisio y gallem fod yn gwbl anymwybodol o'r nodweddion neu'r posibiliadau yma am eu bod ar lefel anymwybodol. Pan na fyddwn yn hoffi rhywun, dylai'r profiad fod o ddiddordeb mawr i ni oherwydd mae'n dysgu i ni am ein hysgogiadau anymwybodol ein hunain.

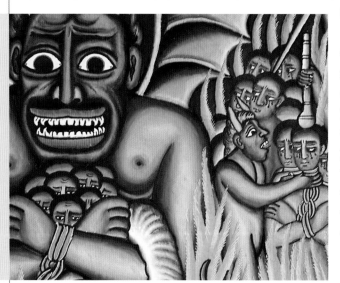

Y Cysgod

Yr Anima a'r Animws

Y rhain yw'r archdeipiau benywaidd a gwrywaidd. Mae gan ddynion a menywod y naill a'r llall. Yn gyffredinol, rhaid i ddyn wneud ei anima yn ymwybodol a menyw eu hanimws. Gellir adnabod yr archdeipiau yma mewn ffigurau chwedlonol neu grefyddol neu hyd yn oed symbolau. Mae'r anima, er enghraifft, yn cael ei gynrychioli mewn cymeriadau fel Efa a'r Forwyn Fair mewn Cristnogaeth, neu Shakti mewn Hindŵaeth, ond hefyd mewn symbolau fel ogof neu long. Mae'r animws yn cael ei gynrychioli gan eryr, tarw neu dŵr: mae nodweddion gwrywaidd rhyfelgar a'r ffalws yn amlwg yma.

Yr Animus

Mae gofyn i'r anima a'r animws i fod mewn cydbwysedd er mwyn i berson fod yn iach yn seicolegol, felly mae angen darganfod y gwannaf o'r ddau. Yn ôl syniadau Jungaidd, pan fydd dyn a menyw yn ffurfio partneriaeth, yr hyn sy'n digwydd ar y lefel anymwybodol yw bod yr archdeipiau yn estyn allan am gydbwysedd, drwy gwrdd â'u gwrthwyneb. Felly, pan fo dyn yn cael ei ddenu gan fenyw, y rheswm am hynny yw ei bod hi'n cynrychioli nodweddion ei anima ef, y mae'n rhaid iddo gyfarwyddo â nhw. Y ffordd roedd Jung yn disgrifio'i atyniad at Toni Wolff, ei feistres, oedd bod arno angen bod mewn perthynas â'i anima ei hun drwyddi hi.

Tasg

Tasg ymchwil a chyflwyno	Ewch ati i gasglu a chreu portffolio ymchwil o symbolau gwrywaidd a benywaidd mewn straeon crefyddol a chwedlau. Rhowch gyflwyniad i egluro canlyniadau eich ymchwil.

Yr Hen Ŵr Doeth

Ceir yr archdeip yma mewn llawer o fythau a chwedlau. Mae Myrddin yn chwedlau'r Brenin Arthur, a Gandalf yn *The Lord of the Rings* yn hen wŷr doeth. Fersiwn fodern o'r hen ŵr doeth yw Albus Dumbledore yn straeon *Harry Potter*.

Yr Hen Ŵr Doeth

Yn ôl Jung, y rheswm pam mae gan y fath gymeriadau mewn mytholeg a ffuglen y fath bŵer yw oherwydd eu bod yn archdeipiau; mewn geiriau eraill, maen nhw'n rhan o strwythur seici dynol pawb. Mae'r ffigyrau hyn yn ymddangos yn straeon a mythau pob diwylliant, felly gallai Jung hawlio fod yr Anymwybod Cyffredinol yn Hollgyffredinol.

Mae archdeipiau eraill yn cynnwys y fam, y plentyn, y tad, ac yn y blaen. Mae rhai digwyddiadau yn archdeipiau hefyd, fel genedigaeth, priodas a marwolaeth. Pan fyddwn yn dod ar draws rhywbeth sy'n cynrychioli archdeip yn y byd allanol, mae'r archdeip yn

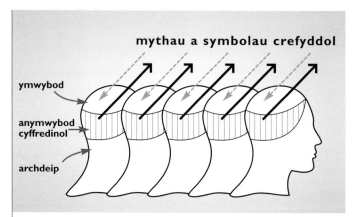

mythau a symbolau crefyddol

ymwybod

anymwybod
cyffredinol

archdeip

yr ymwybod yn cael ei ysgogi, a thrwy hynny yn cael sylwedd, sy'n arwain yn y pen draw at ymunigoli. Mae'r archdeipiau yn ffurfio glasbrint o holl brofiad dynol, a'n gorchwyl mewn bywyd, cyn belled ag sy'n bosibl, yw gwireddu'r glasbrint yma.

Yr Hunan

I Jung, yr Hunan (ag 'H' fawr) oedd yr egwyddor a oedd yn rhoi trefn ar y seici (meddwl) felly roedd, ar un ystyr, yn archdeip hefyd. Meddai Antony Stevens am yr Hunan:

Yr Hunan

'Ei nod yw cyfanrwydd, llwyr wireddu'r glasbrint ar gyfer bodolaeth ddynol o fewn cyd-destun bywyd yr unigolyn. Ymunigoli yw raison d'etre *yr hunan.'* (Antony Stevens, Jung: *A Very Short Introduction* (1994) t. 61)

Gan hynny, a gan mai crefydd yw un o'r ffyrdd gorau o hwyluso ymunigoli drwy wireddu'r archdeipiau, mae crefydd o werth yn y pen draw ym marn Jung. Yn wahanol i Freud, a gredai mai niwrosis oedd presenoldeb crefydd, i Jung roedd absenoldeb crefydd yn arwydd gwael iawn o safbwynt iechyd seicolegol.

I Jung, delwedd y mandala oedd yn cynrychioli'r syniad hwn o gyfanrwydd orau, a daeth yn symbol iddo o archdeip yr Hunan. Ceir y mandala mewn rhyw ffurf neu'i gilydd mewn llawer o draddodiadau crefyddol a diwylliannol, ac fel arfer mae'n dangos patrwm sy'n creu trefn o gwmpas pwynt canolog. Mae'r mandala'n cael ei ddefnyddio'n ddefodol neu wrth fyfyrio i symboleiddio'r daith tuag at oleuedigaeth, iachawdwriaeth neu gyfanrwydd, sy'n cael ei ddeall hefyd fel taith i'r 'canol'. Dim ond ar ôl rhoi sylw i'r holl elfennau allanol y gall y daith i'r canol ddigwydd. Mae breuddwydion am gylchoedd neu ffurfiau mandala yn arwyddocaol iawn am eu bod yn gip ar archdeip dwfn iawn yr Hunan.

Tasg

Tasg ymchwil	Chwiliwch am enghreifftiau o ffurfiau mandala. Peidiwch ag edrych ar Fwdhaeth a Hindŵaeth yn unig, lle mae'n hawdd dod o hyd i rai, ond archwiliwch gyd-destunau crefyddol eraill hefyd.

Ym meddwl Jung, roedd ffigwr Crist hefyd yn cynrychioli archdeip yr Hunan. Am fod Crist yn cael ei ddarlunio mewn celf a straeon Cristnogol fel arwr sy'n goresgyn treialon mawr ac oherwydd ei fod yn ddyn perffaith, cyfan, integredig (mor berffaith, yn wir, nes bod yn ddwyfol), mae'n mynegi archdeip yr hunan sy'n rhan hanfodol o Anymwybod Cyffredinol yr holl ddynolryw. Mae'n rhesymol gofyn 'A oedd Jung yn credu yng Nghrist?' Un ateb yw ei fod, mewn ffordd, fel symbol o realiti seicig. I Jung, realiti seicig oedd y gwir realiti. Dydy Crist ddim yn ffigwr 'allan fan acw', mewn hanes neu yn y nefoedd, ond 'i mewn yma' ar y lefel ddyfnaf a mwyaf gwir. Ond roedd gan Jung ddealltwriaeth ddiddorol o'r gair 'credu' hefyd, fel y gwelwn yn yr adran nesaf.

Pwnc seminar

Ystyrwich sut y gallai Cristnogion ymateb i ddealltwriaeth Jung o Grist.

Duw fel archdeip yr Anymwybod Cyffredinol

Ar lefel ddyfnach yn yr Anymwybod Cyffredinol na hyd yn oed yr Hunan, dadleuai Jung mai archdeip Duw oedd craidd pob symbol a delwedd o Dduw ym mhob crefydd. Fel gyda'r archdeipiau eraill, dydy hi ddim yn bosibl adnabod archdeip Duw yn uniongyrchol, dim ond trwy symbolau wedi eu halldaflu o'r anymwybod. Honiad Jung yw fod yr archdeip amhosibl ei adnabod yma o Dduw yn rhan o'r Anymwybod Cyffredinol, hynny yw, mae'n bodoli ym mhawb; mae'n hollgyffredinol.

Symbol sy'n cynrychioli Duw mewn llawer o grefyddau a diwylliannau (fel rhai'r Aifft, Babilon, rhai Hindŵaidd, Platonaidd a Christnogol) yw trindod neu dduw tri-yn-un. Oherwydd fod y drindod yn symbol o agweddau ar yr hunan, mae'n symbol pwerus o gynnwys amhosibl ei adnabod yr Anymwybod Cyffredinol. I Jung, fodd bynnag, heb bedwaredd elfen, sef archdeip y Cysgod (sydd felly'n ffurfio 'pedwardod') ni ellir ystyried y seici dynol yn 'gyflawn'. Y cwbl yw trindodau mewn syniadaeth Jungaidd yw pedwardodau anghyflawn.

Yr unig ffordd y gall symbolau weithio yw trwy barhau i fod yn ddynamig. Os bydd pobl yn credu mai dim ond cynrychioli realiti allanol wrthrychol y mae symbolau, maen nhw'n colli eu pŵer. Felly, ym marn Jung, roedd crefydd gyfundrefnol wedi colli ei hystyr i raddau helaeth. Roedd y symbolau wedi mynd yn ddim mwy nag arwyddion. Roedden nhw wedi colli eu gallu i wireddu'r archdeip Duw sydd ynghudd yn yr Anymwybod Cyffredinol. Roedd methiant crefydd gyfundrefnol wedi ei grisialu i Jung mewn breuddwyd a gafodd yn fachgen, pan welodd Dduw yn gollwng talp anferth o gachu ar Eglwys Gadeiriol Basel. Roedd ystyr hynny'n amlwg: fod Duw yn ffieiddio crefydd gyfundrefnol, ffurfiol, 'farw'.

Ateb Jung i'r cwestiwn a ydoedd yn credu yn Nuw, mewn cyfweliadau ac yn ei lyfrau, oedd pe bai'n dweud ei fod yn 'credu' yn rhywbeth, byddai hynny'n golygu nad oedd yn 'gwybod' hynny. Felly y cwbl y byddai'n ei wneud oedd mynegi barn. Meddai:

> 'Rwyf naill ai'n gwybod rhywbeth, ac felly does rhaid i mi ei gredu oherwydd nad wyf yn siŵr fy mod yn ei wybod. Rwyf yn fodlon iawn ar y ffaith fod gennyf wybodaeth o brofiadau na allaf beidio â'u galw'n nwmenaidd neu'n ddwyfol.'
> C.J. Jung, *Two Essays on Analytical Psychology: Collected Works*, cyf. 7, tt. 215-16

Mewn geiriau eraill, doedd Jung ddim yn credu yn Nuw, roedd ganddo wybodaeth ohono, ond nid fel gwrthrych allanol ond fel gwirionedd seicig.

Beirniadaeth ar Jung

Anwirioldeb

Dydy hi ddim yn bosibl profi'r naill ffordd neu'r llall p'run ai bod yr Anymwybod Cyffredinol neu'r archdeipiau yn bodoli. Mae cefnogwyr Jung yn hawlio fod digonedd o dystiolaeth; mae gwrthwynebwyr yn honni y gellir dehongli'r dystiolaeth yma mewn ffordd wahanol. Mae gan yr Archif Ymchwil i Symbolaeth Archdeipol (*Archive for Research in Archetypal Symbolism*) gronfa ddata anferth o symbolaeth fytholegol a defodol o bob math o ddiwylliannau; mae'n nodi'r tebygrwydd rhwng y rhain sy'n awgrymu fod y meddwl dynol yn alldaflu o lasbrint cyffredinol.

> **Noder:** Cyfeiriad yr Archif Ymchwil i Symbolaeth Archdeipol yw **http://aras.org/**

Ond mae hefyd yn bosibl egluro'r tebygrwydd yma mewn gwahanol ffyrdd (er enghraifft, cysylltiadau rhwng diwylliannau yn arwain at drosglwyddo a rhannu syniadau) . Yn aml iawn, mae'r ffordd mae Jung yn sgrifennu am yr Anymwybod a'r Archdeipiau mor aneglur a chyfriniol nes rhoi'r argraff fod ei ddulliau yn anwyddonol..

Ymunigoli

I Jung, nod a phwrpas bywyd oedd ymunigoli; cyfuno cynnwys yr Anymwybod gyda'r Meddwl Ymwybodol, adnabod yr holl archdeipiau, a'u cadw mewn cydbwysedd. Prin fod y nod yma yr un fath â nod crefydd. Mae'n ymddangos mai iachâd seicolegol yw nod Jung. Mae nod crefydd yn fetaffisegol, yn ymwneud ag iachawdwriaeth neu ryddhad. Efallai fod Jung yn credu mai'r un peth yw'r ddau, ond byddai llawer o bobl grefyddol yn anghytuno.

Realiti seicig Duw

Yn ei holl waith, mae Jung yn ofalus iawn i beidio â hawlio fod realiti gwrthrychol, metaffisegol gan Dduw. Mae Duw yn sicr yn 'real', ond realiti mewnol, seicig yw hwn. Mae rhai o'i feirniaid yn gweld hyn fel dim mwy na honiad goddrychol, yn seiliedig ar ddadl gylchol. Dydy hawlio fod Duw yn real, ond ddim 'allan fan acw' ddim yn ddatganiad ystyrlon i rai pobl.

Pwnc seminar

Paratowch ar gyfer dadl ar y pwnc yma, a chynhaliwch y ddadl:

'Mae dealltwriaeth Jung o grefydd yn well nag un Freud.'

Dylai'r ddau dîm grynhoi a chyflwyno eu dadleuon o blaid neu yn erbyn y gosodiad, a dylid gofyn i'r dosbarth bleidleisio ar y gosodiad.

Tasg

Tasg sgrifennu	A ydych chi'n cytuno ag asesiad positif Jung o grefydd? Rhowch resymau dros eich ateb.

Rhai dyfyniadau defnyddiol o waith Jung

'Wyneb ein cysgod ein hunain sy'n gwgu arnom ar draws y Llen Haearn.'
Man and His Symbols

'Mae haenen fwy neu lai arwynebol o'r anymwybod yn sicr yn bersonol. Byddaf yn galw hwnnw'n "anymwybod personol". Ond mae'r anymwybod personol hwn yn gorffwys ar haen ddyfnach nad yw'n deillio o brofiad personol ac nad yw wedi ei gaffael gan y person, ond sydd yn gynhenid. Byddaf yn galw'r haen ddyfnach hon yn "anymwybod cyffredinol". Dewisais y term "cyffredinol" oherwydd nid yw'r rhan hon o'r ymwybod yn

unigol, ond yn hollgyffredinol: yn wahanol i'r seici personol, mae ganddo gynnwys a moddau o ymddwyn sydd fwy neu lai yr un fath ym mhob man ac ym mhob unigolyn.'
The Archetypes and the Collective Unconscious

'Y freuddwyd yw'r drws bychan cudd yng nghysegr ddyfnaf a mwyaf preifat yr enaid.'
The Meaning of Psychology for Modern Man

'Allwn i ddim dweud "Rwy'n credu" – "Rwy'n gwybod!" Rwyf wedi cael y profiad o gael fy meddiannu gan rywbeth cryfach na fi, rhywbeth y mae pobl yn ei alw'n Dduw.'
Cyfweliad Face to Face gyda John Freeman ym 1959

'Adnabod eich tywyllwch eich hun yw'r ffordd orau o ddelio â thywyllwch pobl eraill.'
Ffynhonnell anhysbys

'Bydd pobl yn gwneud unrhyw beth, ni waeth mor abswrd, er mwyn osgoi wynebu eu henaid eu hunain.'
Ffynhonnell anhysbys

Ystyried Seicoleg Crefydd

Dim ond dau o blith llawer o fathau o seicoleg sy'n ymdrin â chwestiynau ynglŷn â chrefydd yw Seicdreiddiad Freud a Seicoleg Ddadansoddol Jung. Yn aml bydd Freud ac, i raddau llai, Jung, yn cael eu beirniadu am fod eu diddordeb mewn ymddygiad crefyddol wedi deillio yn y lle cyntaf o ddiddordeb mewn pobl â salwch meddwl seicolegol. Y dyddiau hyn, mae secicolegwyr crefydd yn ymddiddori mewn pob math o bobl, rhai sâl a rhai iach, ac yn wir, maen nhw weithiau'n beirniadu'r termau 'sâl' ac 'iach'.

Mae llawer o seicolegwyr yn ymddiddori yn y gwahanol gysylltiadau rhwng personoliaeth a chrefydd. Maen nhw'n gofyn pa fath o bobl sy'n grefyddol? Pa nodweddion eraill maen nhw'n eu harddangos? A oes yna rai mathau o bersonoliaeth sy'n cael eu denu gan fathau neilltuol o grefydd, ac eraill gan fathau eraill? Beth sy'n digwydd i bobl pan fyddan nhw'n colli eu ffydd? Mae gan rai seicolegwyr ddiddordeb yn y pethau sy'n digwydd yn yr ymennydd ar y foment y ceir profiad crefyddol. Yr hyn sy'n eu cysylltu i gyd, fodd bynnag, yw'r ffocws ar yr unigolyn ac ar y meddwl dynol.

Os ydym yn mynd i astudio crefydd, mae'n bwysig gofyn a ydy dull seicolegol o ymdrin â'r pwnc yn ddigon. Gwelsom, o astudio Freud a Jung, fod Freud yn dweud nad oedd Duw yn bod, a bod Jung yn derbyn ffurf wahanol iawn i'r Duw sy'n cael ei ddisgrifio mewn llawer o grefyddau. A ydyn nhw wedi datrys cwestiwn bodolaeth Duw? Neu a ydy'r cwestiwn hwnnw yn dal i fod yn agored i'w drafod gan athronwyr, gwyddonwyr diwinyddion, beirdd, artistiaid, a phobl yn gyffredinol?

Pa ddisgyblaethau eraill sy'n bwysig i astudiaeth o grefydd? Mae'n amlwg fod cymdeithaseg yn gydymaith defnyddiol i seicoleg. Lle bydd seicoleg yn edrych am y berthynas rhwng crefydd a'r unigolyn, mae cymdeithaseg yn edrych am y cysylltiadau rhwng crefydd a chymdeithas, a normau a sefydliadau cymdeithas. Mae'r ddwy ddisgyblaeth yn defnyddio damcaniaethau a modelau i ddisgrifio ymddygiad crefyddol, ac mae rhai o'r damcaniaethau hyn yn 'swyddogaethol' (yn disgrifio crefydd o safbwynt ei swyddogaeth) neu'n rhydwythol (troi rhywbeth cymhleth iawn yn ddim mwy na nifer o elfennau syml mewn ymgais i'w egluro).

Mae athroniaeth, fodd bynnag, yn mynd i'r afael â honiadau crefydd am y gwirionedd, ac yn gofyn a ydyn nhw'n ystyrlon, neu a allen nhw fod yn 'wir'. Mae ffenomenoleg, ar y llaw arall, yn ceisio deall cred ac ymddygiad crefyddol, heb ofyn os ydy crefydd yn wir neu beidio. Wrth gwrs, mae llawer o ddisgyblaethau eraill a ffyrdd eraill o fynd ati i astudio crefydd. Efallai fod llawer i'w ddweud o blaid ffordd aml-ddisgyblaeth o fynd ati.

Tasg

Tasg sgrifennu	Beth all seicoleg crefydd ei gynnig i'n dealltwriaeth o grefydd? Beth yw ei chyfyngiadau?

Geirfa

anima	Yr archdeip benywaidd
animws	Yr archdeip gwrywaidd
Anymwybod Cyffredinol	Y meddwl anymwybodol sy'n perthyn i'r holl ddynolryw
archdeipiau	Agweddau ar yr hunan sy'n cael eu mynegi drwy fythau a symbolau, ac mewn breuddwydion a bywyd bob-dydd
breuddwyd/ gweledigaeth	Ffordd o ddod i wybod beth sydd yn yr Anymwybod Cyffredinol (breuddwydion pan yn effro yw gweledigaethau)
cydbwysedd seicolegol	Nod bywyd, ynghyd ag ymunigoli. Os yw'r archdeipiau mewn cydbwysedd, yna ceir iechyd seicolegol
Cysgod	Yr archdeip sy'n mynegi'r posbiliadau drwg sydd ym mhob person
Hunan	Yr egwyddor sy'n rhoi trefn ar y meddwl. Un o'r archdeipiau
myth	Straeon sydd ag elfennau archdeipol
Persona	Archdeip yr hunan sy'n cael ei ddangos i'r byd
symbol	Mynegiant o archdeip; y ffurf y gallai ymddangos ynddo mewn breuddwyd, neu mewn celfyddyd, neu gelf neu stori grefyddol
ymunigoli	Y broses o integreiddio'r meddwl anymwybodol i mewn i'r meddwl ymwybodol, a dod â chydbwysedd i'r archdeipiau

Llyfryddiaeth

Adran 1

Pennod 1

Robert Bowie, *Ethical Studies*, Nelson Thornes (2004, ail arg.)

Andrew Goddard, *A Pocket Guide to Ethical Issues*, Lion Hudson ccc (2006)

Reg Luhman, *Euthanasia*, Abacus Educational Services (1999)

Peggy Morgan a Clive A. Lawton, *Ethical Issues in Six Religious Traditions*, Gwasg Prifysgol Caeredin (2007, ail arg.)

Mel Thompson, *Moeseg*, Gwasg UWIC (2005)

Peter Vardy a Paul Grosch, *The Puzzle of Ethics*, Fount Paperbacks (1999)

Bernard Williams (gol.), *One World Many Issues*, Nelson Thornes (2001)

Pennod 2

Robert Bowie, *Ethical Studies*, Nelson Thornes (2004, ail arg.)

W. Owen Cole (gol.), *Moral Issues in Six Religions*, Heinemann Educational Publishers (1991)

Andrew Goddard, *A Pocket Guide to Ethical Issues*, Lion Hudson ccc (2006)

Joe Jenkins, *Heinemann Advanced Religious Studies: Ethics & Religion*, Heinemann Educational Publishers 2003 (ail arg.)

Mel Thompson, *Moeseg*, Gwasg UWIC (2005)

Peter Vardy a Paul Grosch, *The Puzzle of Ethics,* Fount Paperbacks (1999)

Joe Walker, *Environmental Ethics*, Hodder Murray (2000)

Adran 2

Mark I. Pinsky, *The Gospel According to the Simpsons: Bigger And Possibly Even Better! Edition*, Westminster John Knox Press (2007)

Gwefannau

www.bbc.co.uk/religion	tudalen hafan materion crefyddol y BBC
www.ofcom.org.uk	tufalen hafan y rheoleiddiwr teledu
www.hollywoodjesus.com	gwefan diwylliant poblogaidd ddefnyddiol, aml-ffydd, sensitif
www.fox.co.uk/thesimpsons	gwefan swyddogol y sioe, gyda llawer o gyfeiriadau defnyddiol
http://www.snpp.com	*The Simpsons Archive* – popeth ar gyfer astudiaeth o *The Simpsons*.

Argymhellion gwylio

Gellir defnyddio operâu sebon eraill, ond dyma'r rhai mwyaf adnabyddus:

- EastEnders (BBC1)
- Coronation Street (ITV1)
- Pobol y Cwm (S4C)
- Emmerdale (ITV1)
- Hollyoaks (Sianel 4/S4C)

Adran 3

Grace Davie, *The Sociology of Religion* (New Horizons in Sociology), SAGE Publications (2007)

Michael Haralambos, R.M. Heald, a Martin Holborn, *Sociology Themes and Perspectives* (yr adran ar Grefydd), Collins Educational (2004)

Stephen Moore, Dave Aiken, a Steve Chapman, *Sociology for A2* (uned ar Grefydd), Collins Educational (2002)

Christopher Partridge (gol.), *Encyclopedia of New Religions*, Lion Hudson (2006)

P.L. Selfe a Mark Starbuck, *Religion (Access to Sociology)*, Hodder Arnold (1998)

Adran 4

Richard Appignanesi ac Oscar Zarate, *Introducing Freud*, Icon Books (2007)

Peter Connolly, 'Psychological Approaches' yn P. Connolly (gol.), *Approaches to the Study of Religion*, Cassell (1999)

Michael Palmer, *Freud and Jung on Religion*, Routledge (1997)

Maggie Hyde a Michael McGuiness, *Introducing Jung*, Icon Books (2004)

Antony Stevens, *Jung: A Very Short Introduction*, Gwasg Prifysgol Rhydychen (1994)

Anthony Storr, *Freud: A Very Short Introduction*, Gwasg Prifysgol Rhydychen (1989)

Gwefannau defnyddiol

Amgueddfa Freud yn Llundain	**http://www.freud.org.uk/**
Yr Archif Ymchwil i Symbolaeth Archdeipol	**http://aras.org/**

Ffilmiau

Matter of Heart (1986) – bywyd Jung

Freud (2005) gyda Michael Kitchen

Face to Face (1959) – cyfweliad gyda Jung gan John Freeman